21 | 读·党史
第21辑

中国加入世贸组织

孔 飞/编

中共党史出版社

图书在版编目(CIP)数据

中国加入世贸组织/孔飞编.—北京:中共党史出版社,2013.11(2021.4 重印)

(读·党史)

ISBN 978-7-5098-2291-3

Ⅰ.①中… Ⅱ.①孔… Ⅲ.①世界贸易组织-贸易谈判-史料-中国 Ⅳ.①F743 ②F125

中国版本图书馆 CIP 数据核字(2013)第 197087 号

启事:本书选用的部分文字、图片,来源于各正式出版物。其中还有部分作品尚未与有关作者、编者取得联系,我们深感不安。恳请有关权利人联系我社,我们将按《著作权法》的相关规定支付稿酬。(联系人:陈海平 电话:010—82517160)

出版发行:中共党史出版社
责任编辑:潘　鹏
责任校对:龚秀华
责任印制:谷智宇
责任监制:贺冬英
社　　址:北京市海淀区芙蓉里南街6号院1号楼
邮　　编:100080
网　　址:www.dscbs.com
经　　销:新华书店
印　　刷:北京君升印刷有限公司
开　　本:145mm×210mm　1/32
字　　数:116 千字
印　　张:5
印　　数:3001—5000 册
版　　次:2013 年 11 月第 1 版
印　　次:2021 年 4 月第 2 次印刷

ISBN 978-7-5098-2291-3

定　　价:15.00 元

目 录
CONTENTS

综 述

1 中国从"复关"到加入WTO/孔雷

回 忆

82 我与关贸总协定的一段经历/刘显铭

60 中国"复关"谈判之初/沈觉人

5 中国"复关"谈判亲历记（节选）/佟志广

22 中国"复关"和加入世贸组织谈判回顾/石广生

访 谈

43 中国加入WTO的决策与谈判过程/戴相龙

135 中国加入WTO谈判历程/龙永图

74 中国加入WTO从发起到承诺/吴家煌

人 物

17 中国加入WTO四任首席谈判代表/王冰

CONTENTS

38 中国加入WTO绕不开的几位外国人 /张华

▶漫 笔

91 加入WTO是中国对外开放的里程碑 /隆国强

▶钩 沉

100 中国加入世界贸易组织的谈判历程 /张汉林

▶视 野

130 中国加入WTO谈判为何长达15年？

▶专 论

150 国际人士评中国加入WTO10周年

▶书 摘

119 中美关于中国加入WTO谈判的若干细节 /《朱镕基讲话实录》编辑组

▶链 接

80 WTO九大基本原则

128 国际货币基金组织 /戴相龙

▶日 志

96 中国加入WTO十周年十大新闻

144 中国“复关”、加入WTO大事记

中国从"复关"到加入WTO /孔雷

2001年11月10日，卡塔尔首都多哈，世贸组织第4次部长级会议审议并通过了中国加入世贸组织议题。11日，中国政府代表团递交了江泽民主席签署的中国加入世贸组织批准书。从这天起30天后，即在2001年12月11日，中国正式成为世贸组织第143个成员。

世界贸易组织（WTO）的前身是成立于1947年的世界关税与贸易总协定，1995年重组改称世界贸易组织。它是独立于联合国之外的一个永久性国际组织。其职能重要，被人们视为"经济领域的联合国"。总部设在瑞士日内瓦。

加入世界贸易组织是改革开放新时期我国进一步向世界开放和融入世界经济体系的重要步骤。新中国成立后，由于历史原因，中国与关贸总协定之间的正式关系长期中断。中国加入WTO谈判从1986年提出申请，到2001年批准加入，历经15载。

1986年7月，出于对内改革，对外开放的需要，中国正式提出关于恢复关贸总协定缔约方地位的申请。当时，中国的对外贸易迅速增加，由1978年的206亿美元增加到1986年的738.5亿美元。其中中国与关贸总协定缔约方的贸易总额占中国外贸总额的85%左右，中国迫切需要无条件的最惠国待遇和公正、公平的外贸环境。然而，复关必须完成对中国贸易体制的审查，

2001年12月11日，中国正式加入世界贸易组织，成为其第143个成员

即看中国的经济体制是否有能力来执行关贸总协定的一套游戏规则。多年从事谈判生涯的外经贸部首席谈判代表龙永图说了一句意味深长的话：为“市场经济”这4个字整整谈了6年的时间。

搞市场经济是执行关贸总协定和世贸组织一整套规则与协议的前提。20世纪70年代前，中国从理论到实践都是讲社会主义计划经济有无比优越性；后来又说，中国是有计划的商品经济。在思想、理论上一直回避“市场经济”这几个字。在谈判中，人们问中国代表团：中国究竟是不是市场经济国家？在经济运行的细胞企业中，究竟是厂长说了算，还是党委书记说了算？那时，这些问题常常让人无法回答，不敢回答。

1992年春天，邓小平在南方谈话中首次提出，在社会主义条件下，可以搞市场经济：“计划经济不等于社会主义，资本主义也有计划；市场经济不等于资本主义，社会主义也有市场。计划和市场都是经济手段。”“判断的标准，应该主要看是否有利于发展社会主义社会的生产力，是否有利于增强社会主义国家的综合国力，是否有利于提高人民的生活水平。”邓小平南方谈话，使人们思想获得巨大的解放，使复关谈判取得了巨大突破。

在日内瓦举行的中国组第12次会议上，中国代表团团长宣布：我们中国也是搞市场经济的，我们搞的是社会主义条件下的市场经济，这个宣布在当时的关贸总协定总部引起了极大的轰动。从而结束了对中国贸易体制的审议。

1993年，江泽民在西雅图与美国总统克林顿首次会晤时，明确阐明了中国处理"复关"问题三条原则：第一，关贸总协定是一个国际性组织，如果没有中国这个最大的发展中国家参加是不完整的；第二，中国要参加，毫无疑问是作为一个发展中国家参加；第三，中国的参加是以权利和义务的平衡为原则的。这三条原则的实质，就是面对经济全球化潮流，把握主动、趋利避害，敢于迎接挑战，善于抓住机遇，维护国家利益，争取发展空间。

1994年，在世界贸易组织取代关贸总协定的前一年，中国已经非常接近"复关"的目标，由于美国等发达国家成员漫天要价，不断加高关贸的门槛，最终让人叹息。1995年，中国的"复关"谈判，不得不转为加入WTO谈判。

这个阶段主要是双边市场准入的谈判，也就是开放市场的谈判。世贸组织当时136个成员中，有37个成员提出要与中国举行双边市场准入谈判。谈判的焦点，即是对外开放市场。中国实行对外开放政策，愿意对外开放市场；但中国是个发展中国家，必须根据自己的国情、实力和发展阶段来决定开放的速度、范围和条件，谈判涉及的行业，包括农业、汽车、钢铁、保险、商业零售等。中国各行各业发展速度不同、基础各异，这就决定开放的条件和速度必须不同。谈判对象也是各有各的要求，美国有美国的要求，欧盟有欧盟的利益。这是谈判最复杂、最艰难、最核心的问题。从1997年5月23日中国与匈牙利签署的第一个双边市场准入协议，到1999年11月15日中美签署双边协议，中国加入WTO的双边市场准入谈判才算真正有了突破。

在所有双边协议中，与美国的双边协议最为重要，也最为艰难。一个最大的发达国家和一个最大的发展中国家，注定他们之间的关系要有一些碰撞和摩擦。最终双方认识到，在21世纪的世界格局中，中美双方需要建立一种合作的关系，这种关系将是世界和平与稳定的重要因素。1999年11月，在江泽民和克林顿的直接推动下，经过6天6夜的艰苦谈判，达成了一个中美“双赢”的协议。

中美达成协议后，中国加入WTO道路上最大的障碍已经清除。随后，中国与欧盟在2000年5月达成协议。与其他进行双边市场准入谈判的成员国也纷纷达成协议。2001年9月13日，中国与第37个成员国——墨西哥达成协议，从而结束了中国加入WTO的双边市场准入谈判。

2000年下半年，中国加入世贸组织多边程序开始启动，美国和欧盟在多边谈判中又提出了新的要求，美国总统布什上台后，中美关系又经历了一段困难时期，使得中国入世时间再次变得难以捉摸。直到2001年6月在上海举行APEC贸易部长会议期间，中美双方就中国加入WTO的多边遗留问题达成全面共识。随后，中国和欧盟也就多边谈判的遗留问题达成共识。

2001年11月，中国驻日内瓦代表团接世贸组织总干事穆尔通知：11月9日至13日，世界贸易组织的部长级会议在卡塔尔首都多哈举行，讨论启动新一轮多边贸易谈判问题。在这次会议上，与会代表将审议通过中国加入世贸组织最后的法律文件。

11月10日下午，世贸组织第4次部长级会议在卡塔尔首都多哈以全体协商一致的方式审议并通过中国加入世贸组织的决定。11日，外经贸部部长石广生代表中国政府签署了中国加入WTO议定书。一个月后，中国就正式成为世贸组织成员。

中国加入世贸组织，是中国对外开放的一个重要里程碑，它表明了中国政府坚持改革开放的坚定信心，大大推动了中国改革开放的进程。

中国“复关”谈判亲历记(节选) /佟志广

一

1986年中国正式向关贸总协定递交了“复关”申请。1988年下半年，中国开始同有关国家进行双边磋商，到1989年，这种双边磋商已经进行了10余次，中间也发生过一些周折，但基本上很快就取得了一致。中国代表团的成员，虽然处在不断地变换当中，但总体上比刚接触关贸谈判时，无论是技巧上还是风度上，都有了明显的进步。

1982年2月，由沈觉人担任团长的中国代表团，再一次飞赴日内瓦，参加第五次中国工作组会议。这次会议完成了对中国外贸制度的首次评估。接着在4月召开的第六次中国工作组会议上，完成了对中国外贸制度的最终评估。第六次会议还商定在第七次会议上商谈中国“复关”议定书，而且实质性地讨论了中国“复关”的条件。

对于中国的“复关”，这真是一个难得的好机会。这时候，关贸总协定的缔约方们认可了中国“有计划的商品经济”的陈述，只要中国坚持改革开放的方向。当时，乌拉圭回合的谈判虽然已进行了两年多，世贸组织的建立却并未提到议事日程。中国“复关”的“入门费”还仅限于市场准入。这时候，美欧地区国家对中国所关心的，只在于贸易政策的透明度与统一实

15年的谈判历程，是中国改革开放不断深化的历程，是中国经济实力不断增强和对外贸易不断扩大的历程，是中国社会主义市场经济体制逐步建立和完善的历程，也是中国融入经济全球化进程的真实写照

施。美欧地区国家向中国的要价，只是关税与非关税措施的减让，价格改革的时间表和选择性保障条款。这一切，都是与当时中国改革开放的步伐相协调，是我们可以承受的要价。另外，在美国给予中国无条件最惠国待遇以及欧共体取消对华歧视性数量限制时间表这些问题上，也取得了突破性进展。然而，事情并未如人们预期的那样，中国“复关”的脚步突然停顿。

原定于1989年7月召开的第七次中国工作组会议，延迟到12月才开。缔约方已经不提中国“复关”议定书的商定，却要求中国提供一份有关外贸制度的新的说明。1990年召开了两次中国工作组会议，却只是走个过场而已。中国的外贸制度，本来已经完成了审议的，这时候又重新开始。缔约方重新开始提问，中方重新开始回答，中国的“复关”谈判，就这样在蹉跎中走进新的一年。

1990年，中国加快了经济体制改革的步伐。1月，向关贸总协定递交了《中国对外贸易制度备忘录补充文件》和一系列补充材料，介绍中国在外贸体制方面的改革进展情况。6月，《中华人民共和国著作权法》生效。10月，中国开始实施经过修改的《计算机软件保护条例》。

这一年，沈觉人副部长卸任中国“复关”谈判代表团团长的职务，由我接替他担任团长。

我1995年毕业于北京外贸学院后进入当时的外贸部工作。在外贸部，我先后当过翻译、中国驻印度、缅甸大使馆商务处总理事馆秘书。1972年我被派往中国常驻联合国代表团当秘书，第二年又被调到中国驻美联络处当商务秘书。20世纪80年代，我先在中国粮油公司任副总经理，后来去了香港华润集团任总经理、副董事长。

应该说我当时担任中国代表团团长是临危受命的。当时西方正对我国进行经济制裁，“复关”谈判也因此处在最艰难的时期。世界头号强国美国和中国的贸易争端在进一步升级。1991年初，我从香港华润集团奉调回京的第四天，就以中美贸易谈判代表团团长的身份，带领一队人马登上了飞往华盛顿的飞机。有些外经贸部的同志把我的使命称为“破冰”之旅。

在我担任中国代表团团长的整个“复关”谈判期间，实际上是两条战线作战：一面同130多个国家谈“复关”，一面同美国谈贸易争端，两者互相连在一起。虽然任务艰巨，工作紧张，但能为国家民族的利益作出自己的贡献，至今感到骄傲和自豪。其中也有许多令人难以忘怀的事情。

二

中美贸易恢复之后，得到了迅速发展，中国对美国的出口迅速增加，产生顺差，美国要求谈判解决这个问题。美国人把他们对中国的贸易逆差看得非常严重，一直在那里宣扬，说除了日本之外，就是中国给它造成了很大的逆差。这当然是不完全符合实际情况的，但中国享有较大顺差是事实，不理睬是不行的。因为美国人根据国内的立法，所谓“301条款”和“特别301条款”，把我们国家列入了重点观察、重点调查的对象。如果中国在一定期间之内不同他们谈判，达成谅解，他们就会开征反倾销税，而反倾销税就是要禁止中国某些商品对他们的出口。他们可以把关税增加到100%，甚至更高的税率。

谈判一开始，就针对造成逆差的原因展开了争论。首先，我们指出造成逆差的原因不是中国对美国向中国出口限制太多，要求太高，而是因为美国对一些高科技产品的出口对中国加以限制，致使中国很多要向美国买的东西不能够顺利地买到，因为事先必须经美国的由各部组成的部间委员会严格审查，还需得到设在巴黎的统筹委员会最后核准，这就大大地限制了中国从美国进口高新技术产品尤其是仪器设备的数量，直接影响中国从美国的进口。其次，两国的贸易统计方法不一样。中国历来是以出口港作为统计的依据，货物运到什么地方我们不管。可美国是以到岸港作为统计依据，不管中间经过了多少转口，还是按照原产地加以统计。这就使中国出口到其他国家最后转口到美国的一些产品都算到了中国的名下。第三，我们指出，美国在中国设厂的不少产品，实际上是完全美国资本在中国制造的，中国得到的好处是仅占8%左右的加工费。这些产品向美国出口全部统计为中国向美国的出口是不完全合理的。第四，当时不少中国台湾地区的轻纺、电子器件的生产设施搬到内地；香港当时还没有回归，也有不少类似的企业搬到内地，从而把他们对美国的顺差变成了中国对美国的顺差。因为这几种原因，美国的逆差并不是完全由于我们出口过多，或者他们说的所谓的倾销造成的。根本出路在于美国要放松对高新技术产品出口的管制，鼓励向中国出口，这样贸易差是不难达成平衡的。同时我们指出，贸易的顺差或逆差是一时的现象，关

1986年7月到1989年5月，中国与主要缔约方进行了十几次双边磋商，并就中国"复关"的一些核心问题形成谅解。与此同时，中国与世界各经济体之间的交流与合作日益密切。这是1993年8月7日，1985辆雪佛兰汽车从美国运抵天津港，美方人员打出一幅写有"感谢你，中国"的横幅

键在于进出口贸易是否逐年扩大，这才是发展贸易最重要的因素。

在与美国人的谈判中还有一个问题，除了他们要求中国放宽市场（他们叫市场准入）外，另一个问题就是要我们对知识产权进行保护。在这场谈判当中也是针锋相对，唇枪舌剑，斗争得非常激烈。最终我们达成了两个谅解备忘录，一个名为《允许美国产品向中国市场销售的市场准入备忘录》，一个名为《保护知识产权备忘录》。在这两个备忘录谈判过程当中，我们遵循了两个大原则，第一是合乎我们国家在改革开放的大形势下长远的、根本的国家利益；第二是在谈判过程当中，我们坚决贯彻了"有理、有利、有节"的斗争原则。在党中央、国务院的直接领导关怀下，我们取得了预想的谈判结果，维护了民族利益。

"复关"谈判是多边的，中美谈判是双边谈判，但这两个谈判实际上是一个大谈判的两个阶段，因为中美谈判达成的谅解原则，自然就适用于多边的场合。

我在同130多个国家谈"复关"问题的时候，给我印象最深的是经济制度的审议。当时我们实行的经济体制是：既采用计划经济适合我国的那一部分，也采用市场经济对中国适用的那一部分，而关贸总协定的一项基本要求是市场经济。围

绕中国实行的是怎样的经济制度、怎样的贸易制度，进行过多次讨论。当时的成员国给我们提出了上百上千个这样那样的问题，我们费了不少唇舌，但我们借着这个机会从各个方面宣传了我们社会主义制度的优越性和我们国家取得的成就，特别是改革开放以来取得的成绩。在邓小平南方谈话以后，我们在这个问题上取得了完全的主动权，使得我们的谈判向前大大推进了一步。因为社会主义市场经济也是市场经济，西方散布中国不是市场经济是无道理的。

谈判过程中，还有一件事情给我留下了深刻印象，就是我们要争取发展中国家的待遇。尽管在关贸总协定的规定当中，没有专门的章节谈到发展中国家，但因为过去曾对墨西哥、巴西等发展中国家在"入关"要求上有所松动的先例，我们就据理力争，终于达到了目的。

三

谈判过程中，当时最棘手、最难办的一个问题就是中国台湾地区要求加入关贸总协定。西方一些国家以它是独立经济实体为由，表示欢迎它参加。这个问题首先是个政治问题，我们进行了充分的讨论和研究，确定在中国"入关"前，必须把台湾地区排除在关贸总协定以外，待我们先恢复在关贸总协定的合法地位，然后才能考虑它。作为一个单独的经济实体，它是可以以单独关税区的资格申请加入的。关贸总协定的规定当中有一条，一个国家的单独关税区可以加入，但是必须要在主权国家中央政府同意并推荐的情况下才能加入。我们就利用这一条，充分阐述我们的立场，台湾是我国领土不可分割的一部分，之所以造成现在这种状况是内战的结果，最终它必须与祖国统一，而且这是有国际的协定作基础的。怎样实现这个设想，我们也进行了深入的调查研究。因为关贸总协定这样多边的国际经济机构，任何决定、决议都是以协商一致的方式来通过，在这里形成的法律条文也都是采用这个方式来通过的，但是理事会的主席有权发表声明，与各国如无异议就可以作为法律文件加以通过，于是我们就抓紧朝着这方面努力。当时，驻日内瓦联合国的印度大使朱奇先生是理事会主席，我们多次与他协商、说明情况，请他以主席的身份来解决这个棘手的问题，他表示理解，同时又表示有一定的难度。我们心里明白在这个问题上他的力量是不够的，所以就找到了当时关贸总协定的副总干事、美国人卡莱大使。这位大使有政治眼光，他完全支持中华人民共和国先进入关贸总协定，然后才能考虑台湾地区以单独关税区资格参加。

因为在这以前，香港、澳门地区就是以单独关税区的资格、又由中央政府的推荐成为关贸总协定的成员的。我们通过卡莱大使去做美国代表团的工作，做台湾地区当局的工作，换句话说就是让卡莱说服台湾地区当局同意这种模式。

协商就是谈条件。台湾地区当局是不会面对面和中国政府谈的。其常驻"代表团"在苏黎世。台湾地区是通过关贸总协定秘书处和主要缔约方来和我们谈。那是一次非正式的中国工作组会议。依然是在关贸总协定一层的谈判大厅里，中国代表团向坐得稀稀拉拉的部分缔约方代表，解释中国"市场调节和计划调节相结合的商品经济体制"有能力执行关贸总协定的规则；解释中国自1998年开始的治理整顿不是改革开放的倒退而是为了更进一步的改革开放；解释许多曾经解释过而西方人仍然不明白或装作不明白的问题。这时候，关贸总协定的副总干事卡莱，轻手轻脚地走过来，把我约了出来，他把我请进了一个隐蔽的小房间。"佟先生！"卡莱微笑着首先开口："我们再次来谈谈关于台湾地区加入关贸总协定的事情好吗？"

"OK！"我微笑着应允。双方已谈过不止一次，彼此的意图都互相了解，因此我首先告诉卡莱："一个中国，先中后台，这对中国政府来说是非常原则的问题，无可谈判。而且，台湾地区要按照关贸总协定的有关规定作为一个单独关税地区加入，还必须有两条：(1)经中央政府批准；(2)由中国政府推荐。”说这些话时，我语速很慢，当时我是想让卡莱先生有一个回味的时间。

卡莱说：“我完全同意。但有一个困难：你们直到现在还没有实现统一，那么在程序和法律形式上，又该怎么处理呢？”

我说：“只要你们同意中国的这三条原则，我想我们一定可以找到一个合适的处理方式的。”

卡莱说：“这事你交给我。我随时向你汇报。”

卡莱也是一个不寻常的角色。他代表美国政府参加过关贸总协定纺织品回合的谈判。在关贸总协定中，他的地位仅次于邓克尔总干事。他对与中国协商台湾地区入关问题，倾注了极大的热情。也许是出于他个人的政治眼光，也许他的身后就隐含着他的国家政府的指令，但是他的关贸总协定第一副总干事的身份和他的国籍，使他成了解决这个具有历史意义问题的最适宜的联络人和推动者。

此后，卡莱就和我开始了频繁的会上会下的协商。这一天，卡莱先生告诉我：经过他的多次工作，台湾地区当局原则上接受了中国政府提出的条件，但是怎样把这三项原则以一个法律形式固定下来，只有一种既可行又符合关贸总协定规则的方式：由关贸总协定理事会主席在理事会上发表一个声明，如果理事会成员没有异议，这个声明就成为了关贸总协定的法律文件。

国内谈判团不可能在国外长待，关于理事会主席声明案文的谈判，国内责成中国常驻日内瓦代表团承担。这个谈判，用了个8月时间。

参与谈判的双方代表一共是4个人。一位美国代表，叫唐伟利，来日内瓦前是美国驻华使馆的二秘，在中国待了不少年，会说一点中文。他的腿有残疾。据说以前美国的法令，不允许残疾人做外交官，唐伟利不服这个法令，告倒了这条法令。残疾人从事外交工作，从他这里“破冰”。另一位是欧盟代表、德国人卡尔·法肯伯格。他后来也是欧盟和中国双边谈判的主要对手。中方是中国驻日内瓦公使王天策，当时已调到日内瓦担任三秘的王磊，被任命为他的助手。

案文由欧美代表先拿。有各种各样的案文，许多地方中方都不能同意。几乎是一个词一个词地讨价还价。在落实"先中后台"这一条原则时，对其中两个词进行了长久争执。美欧用"Many"（许多）这个词来修饰支持中国这个观点的国家，用"Some"（一些）这个词来修饰不支持中国这个观点的国家。中方认为，支持中国这个观点的国家是绝大多数，所以要求用"The majority"；不支持中国这个观点的国家只是极少数，所以要求用"A few"。

尽管只是几个形容词，谈判的双方，谁也不让谁，要知道，在这种谈判里，谈判代表只是国家意旨的执行人。文本中的每一个词，都不是谈判代表定的，而是各自国家的决策机构定的。

谈不下去的时候，就说："我们各自报告国内吧。"等哪一方有什么新动向、新动作，再在一起谈。这期间中方也去了伯尔尼许多次，因为吉拉德的办公室在伯尔尼。中方和吉拉德交换意见，吉拉德说：你看，你们不是要三个原则吗？这里面全体现了。美国和欧盟代表也找他。吉拉德是国际社会的代言人。"国际社会"摸不着看不见，有形的就是他。

最后的文本，美欧赢得了"Many"和"Some"这两个形容词，而中方赢得了美欧对中国关于台湾地区"入关"三原则的承认，还赢得了关贸总协定对于加快中国工作组工作的承诺。

关贸总协定的理事会主席实行轮值制，这年是印度驻日内瓦联合国的大使朱奇。为了做朱奇先生的工作，我们请他到中国来，请他去杭州，做了多次说服工作，最后他同意了，以主席的身份发表了一个声明，1992年9月29日朱奇在例行的理事成员会宣读了这个声明。没有人提出异议，邓克尔总干事一敲木槌，这个声明就成为关贸总协定恪守的一个协议，这也成为当时挡住台湾地区"入关"的一个最重要的法律依据。它的效力一直延续到世贸组织代替关贸总协定后的今天。我们很庆幸尽管当时困难很大，但经过我们的艰苦努力，最终达成了这个安排。如果没有这个安排，会对我们后来加入世贸组织谈判造成很大的困难，因为台湾地区一再表示它接受缔约国的任何条件，随时准备加入，而世界贸易组织作为关贸总协定乌拉圭回合谈判七年以后的一个新机构，没有关于主权国家中央政府同意和加以推荐的规定。现在回忆起来这是在我们全体代表团成员的共同努力下，做了一件为我们后来的谈判起长久作用的事情，如果同志们说这是一个贡献，我想这是我们全体参与这项工作的同志们的集体贡献。

四

美国人惯用一种手法，就是把与贸易无关的政治问题，掺杂到贸易问题当中来。美国有个国会通过的针对当时苏联禁止犹太人向以色列移民的案，即《杰克逊——万尼克法案》。该法案本来与中国毫无关系，但是这个法案经过一定修改后，也拉扯到中美贸易关系当中。后来美国又把人权问题拉扯到中美贸易谈判当中，还把所谓中国劳改产品出口拉扯到贸易当中。针对这些问题，我们进行了针锋相对的斗争。我们首先指出，《杰克逊——万尼克法案》与中国毫无关系，中国从来没有禁止过犹太人移居以色列，我们国家对出国定居的中国公民是有非常合理的规定的；人权与贸易无关，何况人权不能一个模式，每个国家社会制度不同，经济社会发展程度迥异，不能要求一致，美国的人权状况也有不少值得改进的地方。新中国成立以来，对人民的基本权利非常重视，中国人在历史上从来没有享受到现在的人权状况。至于劳改产品，我们就直率地告诉他们，根据我们的调查，美国监狱的囚犯同样参加劳动，生产产品，向市场销售，向外国出口。你们不是整天标榜自由平等吗？你们的劳改产品可以出口，我们为什么不能出口？他们哑口无言。

美国的各届政府，习惯于充当世界宪兵，什么事都想干预。1991年苏联发生八一九事件，叶利钦发动了一次行动，当然那次行动完全没有改变当时的形势。当时我正在去美国谈判的路上，到了华盛顿，美方贸易谈判副代表美茜一坐下来就兴高采烈地问，叶利钦要推翻戈尔巴乔夫的行动失败了，你作何感想？事先我知道美国人会利用这个机会向我们进一步施压，当时他们的气焰是很令人生气的。我沉住气说，我们中国人从来不当世界宪兵，从来没有干预其他国家事务的习惯，不像有的国家，总想把自己的意志强加给别人。一个国家实行什么制度是这个国家人民自己的选择。苏联出现这样那样的形势与我们何干？说得他无言以对。当时给我的印象好像是他推着一个大的球，向我压过来，但是我心里很清楚，这不是一个充满了气的气球，我准备了一个小小的武器——大头针，到跟前给她捅了个洞，这个球立刻就缩成一个臭皮囊了。

各种阐释世界贸易组织法规的图书，是当时图书出版的热点之一

1992年1月，中国单方面降低了225种商品的进口税。2月，中国决定对已公布的1751项进口替代产品清单全部予以取消。4月，中国取消了全部进口调节税。9月，中国通过了《专利法修正案》，颁布了《实施国际著作权条例的规定》。10月，中国发布了《进出口商品检验法实施条例》，取消了1700种商品的进口替代清单。12月，中国再次降低3371种进出口商品的关税。

中国的老百姓从新闻媒体上

得到这些消息时，可能很少有人会想到这和中美之间在这年进行的两场贸易谈判有什么关系。

1992年新年，中美新一轮知识产权保护的谈判开场在即。

这场谈判和美国1998年通过的《综合贸易与竞争法》紧密相连。这个法案中，有一个"301条款"，是对那些对美国出现巨额贸易顺差而不对美国开放市场的国家实行报复的条款；还有一个"特别301条款"，是对那些不对美国的知识产权进行有效保护的国家实行报复的条款。自此，美国贸易代表署每年要向国会提供一份报告，对世界100多个国家保护美国知识产权的情况作出综合评价，对有侵权行为的国家，按侵权程度分为"观察国家"、"重点观察国家"和"重点国家"三级；一旦列入"重点国家"名单，美国便给半年时间谈判，这个国家必须承诺一个打击侵权的时间表；如半年谈判没有结果，美国便将对其实行贸易制裁。

1991年4月，中国被列入"重点国家"名单，26日，美国对中国发起了"特别调查"。中美双方开始就此进行谈判。

半年过去，到10月26日，中美双方没能达成协议，美方说：再给3个月期限。

1991年11月底，我突然病倒了。这时，距启程去华盛顿进行新一轮谈判的日期，仅有两天。率团出战的重任，落到了刚到任4个月的外经贸部副部长吴仪的身上。这次谈判我没有参加。

……

（摘自《中共党史资料》
2007年第1期）

中国加入WTO四任首席谈判代表 /王冰

■沈觉人

中国加入WTO第一任首席谈判代表，任期自1986年至1991年。作为第一任首席谈判代表，第一次带着中国融入全球经济大潮的渴望走向世界；同时，也第一次把世界贸易组织（当年的关贸总协定）带进了中国人的思维。

经典回眸

在日内瓦，我们就中国的贸易制度去答复人家问题的时候，主要困难就是中国还是一个以计划经济为主的国家，而《关贸总协定》是在市场经济基础上建立起来的一个国际的多边贸易组织。当时，各国代表提出来的很多是这两种不同的经济体制的差别所带来的问题。比如，你们计划怎么制订，你们的价格怎么定。在那个时候，我们国家的价格大部分是国家定的，关税也比较高，所以，答复的时候也比较难。谈判有一定的难度。

早期谈判最有感触的是，我们改革的不断深入与谈判的相辅相成。我记得从1987年开始，连续3年去日内瓦开会，每次都有新东西带给人家。而且，我们回来也认真学习国内新事物，然后再去给人家介绍，每次都有新发展。应该说，改革是推动谈判进展的非常重要的因素。

沈觉人

中国加入WTO时守候在电视机前观看加入WTO直播。

有感而发

“15年，入世了，不容易。但没有必要为此欢呼。因为入世是一个权利和义务的平衡点，有权利也有义务；有机遇也有挑战，关键是怎样抓住机遇、迎接挑战。”

■佟志广

中国加入WTO第二任首席谈判代表，任期自1992年至1993年。

在他主持谈判期间，中国与美国签署了关于市场准入和知识产权保护两项谅解备忘录，并在“复关”问题上，确立了“中先台（湾）后”的原则，为以后加入WTO谈判打下了重要基础。

经典回眸

20世纪90年代初是最为艰难的一段。回忆谈判历程，佟志广最难忘的是和美国的双边谈判：“也许是巧合，美国代表团成员的姓连起来，刚好可以串成一句话——‘莫斯科郊外遇到一头狼’。我们遇到的正是这么一个强硬的对手。”

1992年10月10日是中美谅解备忘录签订的最后期限。面对镇定自若的佟志广和分分秒秒临近的最后期限，美国代表团团长、当时世界政坛上与撒切尔夫人齐名的著名铁娘子希尔斯大使妥协了。当时针指向午夜12点时，希尔斯终于将佟志广的话原封不动地写入了《中美谅解备忘录》——“美国坚定地支持中华人民共和国早日加入《关贸总协定》”。双方握手的一刻，在

佟志广

场的全体中国人热泪盈眶。有了这一条，中国就可以随时以此来要求美国扫除加入WTO之路上的人为障碍并支持中国尽早实现理想。

据悉，此后不久，回过神来的希尔斯大呼"上了Mr.佟的当"。她对自己居然在备忘录中写下"坚定地支持……"这样的"共产党语言"深感"不可思议"。

中国加入WTO时在多哈亲历这一历史时刻。

有感而发

中国加入WTO能给中国带来许多利益，但这靠的是人才、技术、劳动生产率的竞争。加入WTO梦想实现了，我们必须抓紧研究和清理中国有关法律法规，让它们与WTO规则接轨。同时还要抓紧制定《反倾销法》、《反垄断法》，避免加入WTO后外资企业对中国一些行业或地区形成垄断。

■谷永江

中国加入WTO第三任首席谈判代表，任期自1993年至1994年。可以说谷永江差一点就把中国带进了关贸总协定。1994年3月15日至18日，中国对外经贸部副部长谷永江率中国代表团出席了关贸总协定中国工作组第16次会议。绝大多数代表明确表示希望尽早结束关于中国"复关"的谈判，还要求中国起草一份中国入关议定书的草案，在5月中旬前提交讨论。但由于少数成员国的阻挠，最终没有成功。

经典回眸

"我担任谈判代表团团长时，进行了多次工作组会议。谈判在这

谷永江

个时期是非常艰巨的，因为缔约方特别是以美国为首的西方国家对我们提出了很多苛刻的要求。当时，我们希望能够在1994年年底WTO成立之前，和主要缔约方达成协议，然后顺利地作为《关贸总协定》的成员进入世贸组织。各个部门特别是各个工业、商业、农业部门都做了很多的努力，和缔约方谈得也非常艰苦。”

但是，当时美国并没有恢复中国在《关贸总协定》缔约方地位。这是我们为什么没有谈成的一个关键。对此我们事先也有思想准备，但是还是想争取一下。谈判过程当中，产生了一些让我们非常不高兴，甚至有时候很气愤的现象，就是当我们在某一个方面达到了他的要求时，马上又提出另一个方面，就是不断给你提出一些难题。提出这些难题，他们也很清楚中国不会答应。

谷部长接任后，“复关”成为全国公众关注的一大焦点，全国出版的书250多种。而他每个星期都要准备两三个小时的讲话，去研究所、国家部委、学校做各种报告，据说每次都掌声雷鸣。他意识到“复关”将不仅是对外的谈判，也是对内的谈判。

1994年12月20日，是谷部长刻骨铭心的一天，因为那一天谈判失败，中国没能抢在关贸和世贸的交替口加入进去。但谷部长回国时吴仪手持鲜花在机场迎接他。

有感而发

“加入WTO是中央做的一个

很重大的决策，这个眼光是非常远大的。我们要改革开放，要建立市场经济，必须进入世界贸易组织，必须把我们的经济融入世界经济之中，这是一个英明的战略决策。”

■龙永图

中国加入WTO第四任首席谈判代表。

15年的中国入世梦，在龙永图的手中变成了现实。自从1994年开始担任中国加入WTO代表团首席谈判代表以来，为中国加入WTO，他倾注了太多的心血。他是任期最长的一届首席谈判官，他的身影在中国加入WTO的多个历史瞬间里闪现。

经典回眸

在整个谈判中，美国的谈判最为艰难。当时，他们追问最厉害的就是你们的企业是怎么运作的？因为企业是国家经济的细胞。当时我们讲，我们的企业，厂长是核心，书记是中心，两心换一心。外国人就问，你这个两心怎么变成一心？他们认为你这个书记是上面派的，可能代表你们所讲的计划调节，那么这个厂长是想赚钱的，可能是代表你们所讲的市场调节。厂长和书记在工厂的运作当中，在整个工厂的重大生产决策中，谁起最高的作用？是怎么起作用的？当时我们确实讲不清。我们请了很多专家、学者到日内瓦，试图讲清楚我们的经济体制，但是讲来讲去，越讲越糊涂，最后人家说你不要讲了，你就回答我一个问题，你们搞不搞市场经济？当时谁敢讲这个话呀！

我们当时绕来绕去，一直到1992年，小平同志南方谈话，提出了在社会主义的条件下也可以搞市场经济。1992年9月，十四大正式提出了中国经济体制的目标是建立社会主义的市场经济。1992年10月份，我还记得在日内瓦的第12次中国工作组会议上，我们代表团的团长非常自豪地对全场的代表讲，我们中国也是搞市场经济的，不过它是在社会主义条件下的市场经济。这在当时的日内瓦引起了极大的轰动，中国第一次痛痛快快地承认是搞市场经济。

为了"市场经济"这4个字，我们谈判了6年。所以我今天想起这件事情，确实很缅怀小平同志当时的那种魄力。

有 感 而 发

"入世后，我们最大的风险不是开放，而是不熟悉规则。当中国改革已经迈过第20个年头的时候，我们直面的不再是开放与否的问题，而是关注如何进一步再开放融入世界经济大潮的问题。在中央作出加入WTO的重大决断时，意味着我们由原先的被动接受冲击向主动引进外力转变。变被动为主动，这是意味深长的一幕。"

（摘自《北京晨报》
2001年11月11日

中国『复关』和加入世贸组织谈判回顾

/石广生

2001年11月10日，在卡塔尔首都多哈举行的世界贸易组织第四届部长级会议，通过了《关于中国加入世界贸易组织的决定》。11日晚，我作为中国对外贸易经济合作部部长，代表我国政府签署了中国加入世界贸易组织议定书，随后，我向WTO总干事递交了江泽民主席签署的中国加入世贸组织批准书。12月11日，中国正式成为世贸组织成员。加入世贸组织，是中国对外开放和现代化建设进程中具有历史意义的重大事件。这一事件本身充分反映了中国政府进一步深化改革、扩大开放的坚定决心，也充分体现了中国主动参与经济全球化的积极姿态。从1986年正式递交"复关"申请算起，谈判经历了15年的漫长历程，其中值得回顾的事情很多，我扼要谈谈。

改革开放的历史必然

关贸总协定是一个政府间缔结的有关关税和贸易规则的多边协定，它的宗旨是通过实质性削减关税和其他贸易壁垒，消除国际贸易中的歧视待遇，促进国际贸易自由化。关贸总协定于1947年10月30日在日内瓦签署，并于1948年1月1日开始实施，确切地讲是"临时适用"，后来由于美国没有批准《国际贸易组织宪章》，关贸总协定"临时适用"了近50年。1995年，世界贸易组织正式取代临时适用的关贸总协定，成为一个永久性的正式的国际贸易组织，协调的范围从货物贸易扩展到服务贸易和与贸易有关的知识产权等领域。

中国是关贸总协定创始缔约国之一。但1949年10月1日中华人民共和国成立后，撤退到台湾的国民党政府担心中国共产党领导的新中国从关贸总协定中受益，于1950年宣布退出关贸总协定。应当指出，台湾当局虽然是根据关贸总协定规定的程序退出的，但是从1949年10月1日起，台湾当局已无权代表中国，其退出行为是非法的、无效的。于是在几十年后，出现了所谓的"复关"问题。

石广生

1965年，关贸总协定接受台湾当局派观察员列席缔约国大会的申请。1971年11月16日，第27届关贸总协定缔约国大会参照联合国2758号决议的精神，取消了台湾当局的观察员资格。

按照国际惯例，此时中华人民共和国恢复关贸总协定的合法地位，应该是顺理成章的事情。但是，我国自主决定不参加，当时的考虑主要是两点：一是觉得它还是一个富国俱乐部。当时联合国成员有100多个，关贸总协定才四五十个成员，多数是西方发达国家，我们没有必要去凑这个富国俱乐部的热闹。另外一点，它是搞市场经济的，对当时中国来讲，市场经济就是资本主义的代名词。

1986年，中国决定申请恢复关贸总协定缔约国地位，这又是为什么呢？这绝不是哪一个人或哪一个部门心血来潮，也绝不是权宜之计，而是把它作为推进改革开放进程的一项重大战略选择，是我国现代化建设的内在要求。20世纪70年代末，随着我国对外贸易的发展和许多发展中国家参加关贸总协定，中国政府开始重新认识关贸总协定的性质。特别是1979年实行改革开放以后，随着我国对外经济贸易活动日益增多，外经贸工作在国民经济中的作用不断增强，迫切需要一个稳定的国际环境，中国政府开始重视关贸总协定的重要作用。同时，国内经济体制改革也不断向市场化发展，使我们初步具备了加入多边贸易体制的条件。1983年1月，国务院作出决定，申请恢复我国关贸总协定缔约国地位。经过一段时间的准备，我国于1986年7月10日正式提出"复关"申请。此后，中国开始了长达8年的"复关"谈判历程，由于少数国家的阻挠，中国"复关"未果。美国总统克林顿上台后，调整了美国在中国加入世贸组织问题上的立场，谈判进程有所加快。1999年，党中央、国务院审时度势，作出了加快我国加入世贸组织谈判的战略决策。归根结底，这充分体现了我们党深化改革、扩大开放的坚定决心。1998年新一届政府一上任，形势就很严峻，遇到全国水灾、亚洲金融危机等重大不利事件。中国经济发展受到很大影响，当年GDP增长7.8%，出口增长仅0.5%（当然，这0.5%也来之不易，当时党中央和国务院为此采取了许多措施。我作为外经贸部部长，寝食难安，也使出了浑身解数）。在这种情况下，怎么来保民生、保可持续发展啊？还是要靠改革开放，加入世贸组织是一个重要突破口!当然，那时经济全球化进程大大加快，也是我们加速谈判的一个重要动因。

正式谈判的两个阶段

中国“复关”和加入世贸组织的谈判，可以划分为两个大的阶段。在此之前，我们还做了一段时间的准备工作。

第一阶段，从1987年10月22日关贸总协定中国工作组第1次会议在日内瓦举行，确定工作日程，到1992年10月。这个阶段主要是审查我国对外贸易制度，由缔约方判断我国的对外贸易制度是否符合关贸总协定的基本要求。

但在当时的情况下，虽然我国经济体制改革始终是朝着市场化方向发展的，但直到1991年，市场经济的概念在国内还是一个禁区。对于中国的经济体制，我们说不清楚，他们也听不明白。直到1992年初小平同志提出，在社会主义制度下也可以搞市场经济，市场经济不等于资本主义；10月党的十四大通过了建立社会主义市场经济体制的决议。谈判第一阶段的核心问题才迎刃而解。1992年10月召开的关贸总协定中国工作组第11次会议，正式结束了对我国对外贸易制度长达6年的审议。

第二阶段，从1992年10月到2001年9月，是谈判实质阶段。具体谈判分为两部分，一部分是双边谈判，一部分是多边谈判，两者同时交叉进行。中国与世贸组织成员之间进行的市场准入谈判属于双边谈判，重点解决市场准入问题，涉及关税逐步降低、进口限制逐步取消、服务贸易逐步开放等内容。多边谈判，即中国议定书和工作组报告书的谈判和起草过程，重点解决遵守世贸组织规则，中国在世贸组织中的权利和义务问题。只有多边、双边谈判全部结束后，才能完成法律文件的起草工作。

当时关贸总协定和世贸组织的成员一共是130多个，陆续提出来要和我们进行双边谈判的一共37个，按照世贸组织的规定，必须和这37家都达成协议。37个国家差别很大。谈判内容有的很简单，比如冰岛大使说，只要解决几种鱼的关税，就可以结束谈判。最难缠的是美国和欧盟，后面我将专门讲同这两家的谈判情况。

在双边谈判中，墨西哥是最后一个同中国结束谈判的国家，时间是2001年9月。其实在此半年多以前，我们双方就已经达成了协议，只是没有公布，没有正式签字。这中间有一个比较曲折的过程。墨西哥商品和中国商品出口有冲突，因此它一度坚持永久对中国实行不合理的反倾销措施，在有关反倾销条款上提出特殊要求。我们当然不同意，双方没法谈，僵住了。后来，墨西哥新总统上台，态度发生转变。他派贸易和工业部部长到北京，秘密找我谈。这位部长提出，原则上同意中国的建议，但出于政治上考虑，中墨之间达成的协议暂时不能公开，也不签字，墨西哥必须成为最后一个同中国结束谈判的成员才行。我答应了。

按照关贸总协定和世贸组织的规定，一个国家提出加入申请后，关贸总协定和世贸组织要专门成立一个工作组，一般称：某某国家或地区（即申请方）工作组。主席一般选某一个国家驻世贸组织的大使担任，感兴趣的成员都可以成为工作组成员，多边谈判主要就是通过这个工作组的形式和架构进行。工作组的主要任务是起草加入世贸组织的法律文件，完成这项工作之后，工作组要起草一份关于这个国家加入世贸组织的决定，交给部长级会议审议通过，最后这个国家的部长签署议定书后再向世贸组织的总干事递交批准书，完成加入的整个过程。起初的关贸总协定中国工作组共召开了19次会议，后来世贸组织中国工作组又召开了18次会议。每次会议期间进行的各种小型磋商不胜其数。工作组会议即多边谈判也很辛苦，中国谈判代表团要来回穿梭北京和日内瓦。会上，中方要面对多方，同一内容，多家各有要求，充满讨价还价和基本利益的较量和斗争。关贸总协定的工作组一开始是审议中国的外贸制度，1992年10月审议结束后，开始谈判议定书和工作组报告书。这两份文件从无到有，最后形成正式的文件花费了近10年的时间，从十几页谈成上百页，不仅反映了谈判的过程，也反映了中国经济体制改革的过程。有些问题开始谈判时是重要问题，但随着中国改革开放的深化，迎刃而解了，比如，汇率并轨问题等，这种情况很多。

在我们与美国和欧盟结束双边谈判后，多边谈判成为重点，后面提到的农业国内支持、外贸经营权等是多边谈判最后阶段谈判的难点，多年多边谈判中分歧较大的问题有：特殊保障条款和反倾销条款；对中国履行议定书义务进行年度审议；有关纺织品保障条款的案文等。还要谈关于外汇管制、国际收支、检验体制、关税配额管理办法等。少数WTO成员还随时对中国不断增加新的要求。更困难的是，与中国在双边达成的协议中没拿到的东西，一些成员试图要在多边谈判中取得。有时协议的一字一句，都构成利益关系，所以谈起来又细又具体又认真，工作量很大。

到了2001年1月，美国政府换届之前召开了一次工作组会议，没有任何进展，卡在农业国内支持问题上了。2001年6月，我们与美国就农业国内支持问题最终达成共识，多边谈判的最后障碍终于扫清了。2001年9月最后一次工作组会议，通过了中国的议定书和工作组报告书，为中国加入世贸组织铺平了道路。

谈判的方针、原则和国内协调

我国“复关”和加入世贸组织的15年谈判，始终是在党中央、国务院的正确决策和直接领导下进行的。我国曾先后两次提出谈判原则，基本精神是完全一致的。一次是1985年中国与关贸总协定秘书处首次就“复关”问题交换意见时提出的：第一，中国是“恢复”席位而不是加入关贸总协定；第二，中国作为发展中国家加入；第三，中国只能承担相应的义务，享受相应的权利。另一次是江泽民主席在1993年提出的，即“关贸总协定是一个国际性组织，如果没有中国的参加是不完整的；中国要参加毫无疑问是作为发展中国家参加的；中国的参加是以权利和义务的平衡为原则的”。针对西方国家在谈判中的高要价，中央还制定了“不急不躁，顺其自然，因势利导，水到渠成”的谈判方针。在谈判中我们深刻体会到，这些谈判原则和方针对保障我国的基本权益极为重要。

我国是世界上最大的发展中国家，这是国际上公认的事实。这决定了我国只能以发展中国家的身份加入世贸组织，以享受不同于发达国家的差别和优惠待遇。但一开始谈，发达国家成员就坚决反对，争议很大。经过谈判，双方最终妥协，我们同意不在法律文件中明确写出中国享受发展中国家待遇，而发达国家成员同意“以灵活务实的态度解决中国的发展中国家地位问题”。实际上的结果，就是我国在谈判中承诺遵守规则，履行义务，享受发展中国家的大部分过渡期和相应的权利。

对外谈判是工作的一个方面，另一个方面是国内的协调。当时国内在许多问题上认识并不一致，而且涉及很多部门，因此国内协调的问题，比起对外谈判来说，甚至更重要、更困难。为此，在1986年正式提出“复关”申请以后，国务院就成立了一个协调领导小组，组长由负责对外贸易的国务委员或者副总理担任，第一任组长是张劲夫，以后陆续是田纪云、李岚清和吴仪，各个相关部门负责人参加。

谈判由外经贸部牵头组织，但涉及具体问题要和相关部门商量，相关部门也派人参加谈判班子。因此，加入世贸组织谈判严格来说是一个跨部门的由国务院直接领导的谈判。外经贸部负责上传下达，向国务院集中请示汇报和提出建议，并协调各个部门。谈判代表团的工作由外经贸部历届部长直接领导，先后是郑拓彬、李岚清、吴仪和我，根据级别对等的原则，部长也直接谈判。而担任谈判代表团团长的，先后是沈觉人、佟志广、谷永江、龙永图。我任外经贸部副部长时，对于加入世贸组织谈判的重大问题，参与集体研究，但不具体分管，牵扯精力不多。等到担任外经贸部部长的时候，加入世贸组织的进程大大加快，进入最关键的时期，我为此牵扯的精力就太大了，同时还要应对当时的亚洲金融危机，促进出口，吸引外资等，各方面事务都要操心，而且要谨言慎行，弄不好容易出问题啊！国内协调工作十分艰巨，但当时也有两个很好的条件：一是中央领导都非常重视，尤其是到了最后关键时期，江泽民主席、朱镕基总理都亲自过问，重大问题都由中央和国务院直接决定。江主席态度非常积极；朱总理务实，敢于拍板，善于协调；中央和国务院其他主要领导同志也都十分关心和支持。二是各个部门都从国家利益出发考虑问题，对我们的工作都很理解、配合和支持。我和各个相关部门的部长们都合作得非常好，有事好商量。谈判成功充分体现了团队精神和集体力量，没有相关部门的协调一致，没有谈判班子的齐心合力，谈判也不会达到预期目标。每个参与过谈判的人都为此作出了贡献。

中美谈判和中欧谈判

上面已经谈到，在双边谈判中，美国、欧盟是最难缠的对手。美国是摆出一副代表世贸组织所有成员“领头羊”的姿态来谈判的，其要价最高，同其谈判最艰苦，充满了政治干扰，具有戏剧性。事实上，它的“领头羊”地位是得到许多成员认可的。许多国家都在等待享受美国与中国的谈判成果。因为每个双边谈判成果都是适用世贸组织所有成员的。所以说，美国在和我们进行谈判的时候，从某种意义上讲，确实代表了世贸组织大多数成员在和我们谈。欧盟要价基本上和美国一样，但它又提出坚决不吃美国“剩饭”，同其谈判也很艰苦且颇有戏剧性。

在中美谈判中，美国贸易代表说，美国的经济结构和出口结构非常全，对于中国进出口的6000多个税号的产品都有兴趣，所以“我们都必须一个一个税号谈”。这完全没有道理。就算美国经济实力再强，也不可能6000多种商品都是强项。比如说，难道冰岛产的那几种鱼、厄瓜多尔的香蕉、马来西亚的棕榈油等，也是美国的强项吗？与美国实质性谈判的第一个阶段，就是打破它所谓“全面谈判”的要求。一个一个地排除，最后剩下了4000多种产品。这4000多种产品，再加上它最感兴趣的农业、银行、保险、电信、分销、汽车、电影进口等，构成了漫长谈判的内容。

1999年11月，中美谈判进入到最后阶段，美国谈判代表团到北京来和我们谈。经过这么多年谈判，好解决的都已经解决，沉淀下来的是双方都互不让步的几个最难的问题了，所以谈起来格外艰难。

一是农业问题。主要是三个方面：第一，农产品的市场开放，包括小麦、大豆、棉花等主要农产品的进口配额，当时是有争论的，大家要讨价还价。第二，农产品出口补贴。各个国家都反对给农产品出口补贴，但实际上大家都在干，美国每年几百亿美元补贴自己的农民。第三，国内的农业支持。这个问题当时争论最大，但在1999年11月的双边谈判中尚未涉及，我将在下面多边谈判中专门讲。

二是资本市场的开放问题。经过1997年、1998年亚洲金融危机，我们看到泰国、马来西亚等国家发生的情况，觉得绝不能让其在中国重演。为此，我们坚决不承诺开放A股等资本市场和实现人民币的自由兑换。

三是保险业。中国人口基数大，13亿人口，外国人最看重人寿保险这一块。美国AIG公司的老总想在中国建立其独资的人寿保险公司，老缠着不放，在美国找克林顿总统，在中国找江泽民主席、朱镕基总理反复谈，而且谈起来就没完没了。我们坚决不同意，中央的方针很坚定，只允许外国寿险公司以设立合资公司的形式进入中国，且外资股份不能超过五成，不能控股。现在想起来，我还有点后怕，如果当时态度稍不坚定，动摇了，没谈下来，现在AIG公司出了大问题，如果倒闭了，中国保民就要有大麻烦，搞不好一生的积蓄都没了。

四是电信业。由于牵涉巨大的行业利润和国家信息安全，在谈判中这也是我们坚守的一块阵地。我们坚决要求外资在基础电信领域持股不得超过49%，而且不能参与直接的操作。另外还有一条非常关键，不管是基础电信，还是增值电信，信号都必须通过中国设在北京、上海、广州的关口局出入，不能自行独来独往。美国在谈判中强烈要求其通信不通过中国的关口局，对此我们的态度坚决，坚持立场，因为这涉及国家重大安全问题。

五是银行业，包括对外资银行的开放地域、人民币业务等。现在看起来，这个问题不是那么严重，但当时我们看得比较重，把关比较严。

六是汽车业。当时国内汽车行业非常担心中国汽车工业加入世贸组织后会被冲垮。谈判主要是三个问题，一是汽车进口关税降低的水平和时间问题。一开始美国要求2005年进口关税降到25%，我们不同意，只同意2008年降到25%，最后达成妥协，2006年7月1日降到25%。二是2005年进口配额全部取消，但在三年过渡期内，仍可以有进口配额限制。因为配额只有总量的规定，我们对3.0升以上的大排量汽车，多发配额，反正政府不让用、私人用得起的少；而3.0升以下排量的汽车尽量少发配额，这样在加入世贸组织后并没出现汽车进口激增的现象。三是外国汽车公司进入中国只能建立合资公司，持股比例不能超过50%。今天看来，最后一条对保证中国汽车工业的安全与发展至关重要。近几年来中国汽车业不仅没有垮下去，反而蓬勃发展，还带动了汽车零部件产业的大发展，汽车销量世界第一，这一条限制居功至伟。否则，外国汽车公司到中国建立独资企业，车卖得又好又便宜，我们的汽车厂是难以承受的。

七是反倾销条款和特殊保障条款。美国认为，中国当时还不是完全的市场经济，因此只能拿第三国类似的商品价格确定中国的价

2001–2011 年中国汽车产量（万辆）

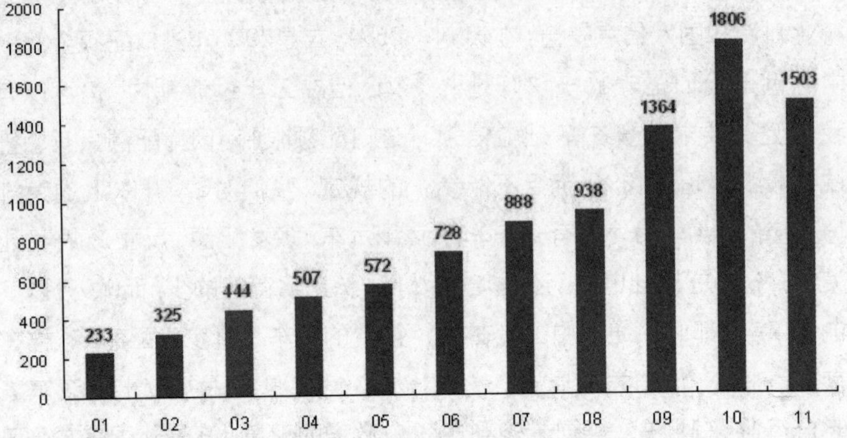

中国加入WTO以来，汽车产量从2001年的230万辆左右快速增长到2010年的1806万辆，年均增速为24.2%，由2001年的全球第八位提高到2010年的全球第一位，并且未来将继续保持全球第一位

格成本，由此判断中国的出口商品是否存在倾销。这对中国是不合理的。美国还要求永久这样做，我们坚决反对，最后双方妥协，双方确定过渡期为15年，过期终止。特殊保障条款也是这样，双方确定过渡期为12年，过期终止。美国提出的特殊保障条款是指当美国受到中国某项商品激增，市场受到"扰乱"时，可以对我出口采取限制措施，但这种"扰乱"的定义和措施的使用在条款中是有严格规定的。现在看来，这两条对中国整体出口影响并不大，每年受到反倾销措施影响的商品在我国总出口金额中所占比重很小，外国对我国使用特殊保障条款的就更少了。当然，对某项商品可能会有一定程度甚至重要的影响，但我们可通过积极应诉反倾销和采取同样的保障条款应对国外产品，使其影响降低到最低程度。总之，运用好世贸组织规则，我们的应对办法还是有的。

八是外贸经营权。我们承诺，

中国加入世贸组织三年后，实行外贸经营权自动登记，这也是我们改革的需要。但美国要求允许外国人在中国无商业存在（即不需要在中国设立公司）的情况下就能进行对外贸易，我们说中国人自己还没享受这种权利，怎么会给外国人呢？这一条现在看来也很重要，否则，外国热钱会通过这个渠道源源流入。

具体谈判的核心内容主要就是上述八个方面。当然还有进口电影等问题。我们和美国人谈判，不分白天、黑夜，没个准点，美国人随时来，我们随时谈，一共谈了六天六夜。我记得，有一次深夜12点多，我正在用电话向朱镕基总理汇报，江泽民主席来电话询问情况。我说，江主席，你还没有睡觉呀？江说：没有，你们不也没有睡嘛！我把情况简要汇报了。一会儿，朱总理又打来电话，说江主席让咱们连夜开会，研究谈判中遇到的问题。这样，凌晨1点半，国务院召开会议，朱总理主持，主管的国务院领导和一二十位相关的部长都来了，一个问题一个问题研究，一直开到凌晨三四点钟。会后，我赶回外经贸部，五六点钟接着谈判。当时谈判实际上就是连轴转。那时候我60岁，龙永图同志比我小几岁，还都能撑得住，一直没有回家，就住在办公室，真是茶饭不思，实在太困了就眯一下。

所有这些问题的最后谈判方案，不是哪一个部门哪一个人说了算，都是由国务院，甚至是中央决定的。我一直说，到了这时候，外经贸部已经起不了决定性作用。最后朱镕基直接参加谈判，也是按照中央和国务院讨论决定的方案谈的，最终结束了谈判。

我们所起的作用就是执行中央确定的方案，运用技巧把它谈成。这也很不容易。难在哪儿呢？你得坚持原则，守住底线，该说硬话的时候要敢说硬话，但又不能把人谈跑了，跑了就不好收场了。中央的方针还是要争取谈成的。这种分寸如何拿捏，要靠临场的判断，这是我们最伤脑筋的。当然，在谈判过程中，能多争取一点就多争取一点，这也是我们的职责。

11月15日，我和美国贸易代表巴尔舍夫斯基在北京签署中美关于中国加入世界贸易组织的双边协议，结束了中美双边谈判。在经历了惊心动魄、峰回路转的中美谈判之后，当时舆论普遍认为，中国可能在1999年内加入世贸组织。但是，实际上并非如此，中欧谈判的艰难出人意料。问题出在哪？关键是欧盟产生了和美国攀比的心理。美国固然财大气粗，但欧盟觉得其15国的经济总量比美国还大，也是不可等闲视之的力量。时任欧盟贸易委员的拉米，现在是世贸组织总干事，是一个非常典型的认为自己的民族优越和具有独立性格的法国人。他跟我们讲，打个比方，在一个晚餐会上，你不可能把请美国人吃的菜单，同样请我们吃一遍，我们绝不吃美国人的"剩饭"。不能说欧盟的要求毫无道理。但是，对于我们来讲，在和美国谈判之后，实在没有什么可让步的了。我和拉米说，你这就不现实了，中美达成协议已经很不容易了。但拉米不为所动，还是坚持不吃"剩饭"那一套。

就这样，我们与欧盟的谈判僵持了好几个月，最后欧盟谈判代表团到北京，又和我们谈了五天。不过，同欧盟代表团的谈判，只在白天进行，晚上不谈，这是欧洲人和美国人的区别。

怎么办？我们反复琢磨，大的问题肯定不可能让步了，就多批几家他们特别关注的保险公司、银行吧，这对我们影响不大，但面子上也还是给了欧盟，最终把问题化解了。

三次政治干扰

虽然世贸组织是一个贸易组织，但是在吸纳谁成为世贸组织成员的时候，往往会有很多政治因素参与其中。国际政治风云变幻，不能不影响到我们"复关"与加入世贸组织的谈判。这样的事情很多，其中有三次大的政治干扰，每一次都使我们的"复关"和加入世贸组织之路陷入困境。

第一次大的政治干扰，是1989

年政治风波。在此之前的谈判，应当说是很顺利的。当时，美国的主要对手苏联还没有解体，而且基本没有进行经济体制方面的改革，而中国的改革从1978年以来已经进行了不少年。以美国为首的西方发达国家看好中国的改革前景，中国虽然在很多方面没有达到关贸总协定的要求，但它们还是想把中国吸收进去。1989年政治风波之后，风云突变，以美国为首的西方发达国家粗暴干涉中国内政，对华实行经济制裁，把阻止中国"复关"作为其中重要内容，以前谈的全部推翻，中国工作组的工作中断了一年十个月。

面对这种严峻的形势，我们不仅仅把恢复关贸总协定地位看成是一场恢复国际外交和经济地位的谈判，更看成是打破当时西方对中国围堵和制裁的重要政治举措。当时，中央领导同志亲自做工作，李鹏总理出面给关贸总协定所有缔约方的政府首脑写了信。由于李鹏总理的信，再加上我们做了其他方面的大量工作，中国"复关"谈判在1991年下半年恢复。

第二次大的政治干扰发生在1998年6月克林顿总统访华和1999年4月朱镕基总理访美期间，因为美国国内政治的原因，两次计划签署协议都最终没能实现。1998年克林顿访华，本来是想把中美达成协议作为他访华重要成果的。为此，美国贸易代表巴尔舍夫斯基两次来中国和我们谈判。第一次谈，我们明确提出，到底美国想不想达成协议，想达成就好好谈，不想达成就算了。巴尔舍夫斯基表示想达成。第二次谈，谈判取得了重要进展，双方进一步努力，可以达成协议。我们建议签字，她说等克林顿到达访华的第一站西安时再说。结果，克林顿访华期间，美国国内吵翻了天，美国国会很多人指责他不应该访华，签协议是给中国人送礼，等等。克林顿骑虎难下，但是他不能不来华访问，于是他采取了一个策略，只要访华，本身就是成功，其他什么都不干。自克林顿抵达西安后，巴尔舍夫斯基在北京和我们的谈判就越谈越远，条件越来越苛刻，我们知道没戏了。

1999年4月朱总理访美，双方已经接近达成一致，但美方错误判断形势，觉得国会不能通过，美方又错过了签字机会。但是随着朱总理在美国各地的访问，宣传中国的改革开放和中国经济快速发展，特别是美方为了消除其国内的反对声，单方面公布所谓的"中美谈判清单"（实际是美方向中方的要价清单）后，美国企业界反响很大，认为这是一个很好的谈判结果，非常支持。此时，美方态度又发生转变，当中国代表团即将离开美国的时候，克林顿打电话给朱总理说，能不能把谈判班子留下来，作一点最后的修饰，就可以达成协议？如果时间来不及也可马上到北京去谈。朱总理说，我主张到北京去谈。结果，中国代表团回到北京的第二天，美国谈判代表团就赶来了，但美方仍坚持高要价，谈判未果。

第三次大的政治干扰是1999年5月8日美国轰炸中国驻南斯拉夫大使馆。在这种情况下，中央决定终止中美双边谈判。

这一阶段，克林顿多次给江泽民主席打电话，表示炸馆是个误会，向中国道歉，建议重启双边谈判。接电话的时候，我一般都在场。江主席说，在当前中美关系的气氛下，在炸馆事件没有妥善解决之前，中美再谈世贸组织双边协议是不合时宜的。每次通话，谈到这个问题的时候，江主席都如是回答。这种状况持续了好几个月，一直到9月在新西兰奥克兰举行APEC首脑会议，鉴于炸馆事件基本上得到处理，美国赔偿、道歉基本到位了，中央决定在奥克兰首脑会议中美元首会见的时候重启谈判，条件是必须给予中国无条件最惠国待遇。那时候美国国会每年都要审查给予中国最惠国待遇问题，牵扯了我们大量精力，是中美两国之间的一个大问题。克林顿表示同意，承诺尽力说服国会给予中国永久正常贸易关系。

奥克兰APEC首脑会议期间，有一个有意思的小插曲，反映了当时中美关系的微妙之处。APEC会

1999年5月8日下午，北京几十所高校的数千名学生到美国驻华大使馆前举行示威游行，强烈抗议以美国为首的北约轰炸我驻南使馆

议期间，中美两国首脑会面礼仪是有讲究的，一般来讲是轮流到对方住的旅馆看望，这次你来看我，下次我来看你。但是，此前一届马来西亚吉隆坡APEC首脑会议，克林顿没有参加，代表美国参加的副总统戈尔看望了江主席。这样，到了奥克兰会议，究竟谁主动看谁，就很微妙了。按照美国人的理解，应该是江主席看望克林顿；按照我们的理解，戈尔是副总统，上次不能算数，这次应该是克林顿来看望江主席。因为当时中美关系十分微妙，就格外讲究礼仪。东道主新西兰为难了，后来精心安排中美双方元首都到新西兰总督府会面。到总督府会面，谁先到谁后到仍是个问题。但新西兰人安排得很巧妙，中间一个会议室，钱其琛副总理领着我们坐在一边，美国人坐在另一边。会议室两边是休息室，两国元首分别在那里休息。预定的时间到了，江主席和克林顿同时从休息室走出来，在楼道里见了面。这样，礼宾的问题就这样妥善解决了。

当时美国人很急切，看到中国同意恢复谈判，巴尔舍夫斯基就向我建议双方宣布达成协议。我说，你要现实点，你完全同意中方提出的方案，我可以签，不然江主席问我，咱们的要求美国都答应了吗？我没法回答。事实上，美国人就是想向外界表示中美关系缓和了，与中国问题解决了，可我们是要达成实实在在的协议，不能这样做。

（选自《百年潮》2009年第7期）

中国加入WTO绕不开的几位外国人 /张华

■迈克·穆尔

（1999年9月就任世贸组织总干事）

作为世贸组织总干事，经历了中国同美国签署双边协议，经历了中国同欧盟签署双边协议，经历了中国加入世贸组织的法律文件全部通过，还要经历中国最终加入世界贸易组织的时刻。中国人在将来回忆起加入WTO进程时，可能穆尔会占相当的“分量”。

经典回眸

中国加入WTO经历了许多艰难的时刻，穆尔说，有几场谈判令他至今难忘。而每次碰到这种困难的时刻，他都有这样一种感觉：停滞是暂时的，谈判将会重新启动，因为各方都有希望中国加入世界贸易组织的强烈的政治和经济意愿。他举例说，在中国结束加入WTO谈判前的一次谈判中，中国和美国在农业补贴问题上“卡壳”了。美国强调世界贸易组织应该把中国作

迈克·穆尔

为发达国家来对待，而中国则坚持应该享受发展中国家的待遇。双方争执不下，这种状况持续了一段时间，但最后还是达成了妥协。

最令穆尔难忘的是世贸组织中国工作组在日内瓦举行的最后一次会议。他说，会议开始时，人们都感觉到事情该有结果了，中国将要成功加入WTO了，但当时大家的心情说不清楚，只是在互相观望，好像相互询问：难道真的没有任何技术性问题要处理了吗？这种安静持续了好一会儿，直到最后工作组主席敲下手中的槌子时，与会者们才终于放下心来。尽管当时已经是凌晨两点多了，但在场所有的人都喝了庆祝的香槟酒。

有感而发

“我很荣幸参加了中国入世最后几年的谈判，亲眼见证了中国这场‘长征’的最后冲刺。”中国加入WTO将使各方都获得好处，将使中国的市场向世贸组织的所有成员开放，中国的商品和服务业出口将会增加，市场将会更大。同时，也会使亚洲许多发展中国家从中获益，不但能促进中国与亚洲邻国的贸易增长，而且一个全新的、透明的和稳定的中国贸易体制将会吸引更多的投资。

■巴尔舍夫斯基

（美国前任贸易代表）

在中美就中国加入WTO谈判中美国代表团的领头人物，美国前总统克林顿夸奖她是“我们国家一个出色的谈判高手”。1999年11月15日15时50分，中国外经贸部部长石广生和美国贸易代表巴尔舍夫斯基在北京签署了中美关于中国加入世界贸易组织的双边协议。这为中国加入WTO扫清了主要障碍，也把巴尔舍夫斯基的名字同中国加入

巴尔舍夫斯基

WTO紧紧联系在一起。

经典回眸

在中美达成协议后，巴尔舍夫斯基难以抑制欣喜和兴奋的神色。自接替在飞机失事中遇难的坎特担任贸易谈判代表与中国进行世贸谈判以来，她遇到的是中方坚持原则的态度和优秀的谈判对手。她曾因建议克林顿尽快促成中国加入WTO而被美国部分舆论认为只适合一般贸易磋商。此刻巴尔舍夫斯基心中的成就感可想而知。面对斯珀林的当众褒奖，她只说："希望我妈妈也听到。"

巴尔舍夫斯基把中美间达成协议归功于双方领导人的努力。巴尔舍夫斯基说，这次谈判前，江泽民和克林顿通了两次电话，为谈判奠定了重要基础。同时她认为朱镕基在这次谈判中扮演了重要角色。她表示有信心美国国会会支持中国成为世贸成员。

有感而发

"中国加入世贸组织对国际社会'极其重要'。作为世界上人口最多的国家，中国入世将使这一机构成为'真正的世贸组织'。"

■拉米

（欧盟贸易专员）

中美之间达成协议后，欧盟几乎成了中国加入WTO谈判的最后一个主要目标。2000年5月19日，欧盟代表拉米同我国在北京签署了关于中国加入世贸组织的双边协议。中欧协议的签署，标志着中国加入WTO双边谈判即将结束，中国加入世贸组织将进入最后的加入程序阶段。至此，中国一只脚已

拉米

经迈进了WTO的门槛。

经典回眸

中美达成双边协议后，欧盟声称，其同中国谈判的目标有80%与美国一致，20%是欧盟特有的。欧盟迟迟不与中方进行谈判，直到2000年1月底，中欧谈判才在布鲁塞尔悄然展开。

2月，中欧司局级谈判在北京举行，新任欧盟贸易委员拉米放话："如果进展顺利，我将跳进飞往北京的飞机。"结果拉米并没有现身北京，不过双方立场已非常接近。中欧谈判的主要难题是欧盟在保险、电信、零售领域提出比美国更高的要价。

3月28日，拉米在沙尘暴中抵京，当天下午便风尘仆仆地出现在外经贸部的谈判桌前。人们预料，中欧谈判不会轻而易举。果然，谈判进行了4天，无果而终。

5月19日，一个阳光灿烂的日子。18时18分，石广生和拉米同时在协议文本上签字。拉米高兴地评古论今，他说，中欧贸易投资规模从来没有像现在这样大，所以欧盟一直支持中国加入WTO。拉米表示，欧盟希望中国的改革开放进一步深化，中国经济进一步发展，并尽早完善市场经济体制。中国加入WTO将为中国改革提供新的动力。

有感而发

"中国人口众多、市场潜力巨大，中国作为发展中国家加入世界贸易组织将使该组织成为真正的全球性组织。中国加入WTO后将有利于产品出口，同时中国也将逐步开放国内市场，因此中国加入WTO不仅对中国有利而且对欧盟和世界其他国家，包括肯尼亚这样的发展中国家来说，都是个好消息。”

皮埃尔—路易斯·吉拉德

■皮埃尔-路易斯·吉拉德

[世界贸易组织（关贸总协定）中国工作组主席]

1987年3月，关贸总协定设立中国工作组，瑞士贸易代表吉拉德先生是中国工作组的第一位、也是唯一的一位主席，他在这个岗位上工作了整整14年零6个月。2001年9月17日，世界贸易组织中国工作组第18次会议在瑞士日内瓦落下帷幕，会议一致通过了中国加入世贸组织的各项法律文件。历时14年零6个月的世贸组织中国工作组至此完成了历史使命。世界贸易组织总干事穆尔说：“感谢中国工作组，感谢吉拉德做出的不懈努力。”

经典回眸

决定中国加入WTO命运的世界贸易组织中国工作组第十八次会议，于当地时间2001年9月17日在瑞士日内瓦举行，在当天举行的正式会议上，首先由中国工作组主席吉拉德主持逐项通过中国工作组报告书、议定书以及各项附件，并决定将这些文件提交世贸组织总理事会审议。中国加入世贸组织的法律文件还将提交世贸组织部长级会议审议通过，在完成必要的法律程序后，中国将成为正式世贸组织成员。

在9月17日他主持的最后一次会议上，这位不苟言笑、谨言慎行的瑞士经贸大使，与中国首席谈判代表龙永图热烈握手拥抱，并第一次当众大声说：希望中国尽早加入WTO，并对中国代表团所做的工作大加赞赏。吉拉德说：在他任世贸组织中国工作组主席的14年中，他从未对谈判丧失过信心，正是中国和世界其他国家代表们的决心和耐心，促成了最终令各方都满意的成果。

有感而发

“对于我的‘失业’，我还是非常高兴，欢迎中国加入世界贸易组织。希望中国在世贸组织中能够发挥积极的作用。”

中国加入WTO的决策与谈判过程 /戴相龙

《21世纪》：作为党内的高级干部，特别是在中国加入WTO谈判后期任人民银行行长，您既是参与者也是见证人，您能回忆党内主要决策者是否清楚银行、保险等即将面临什么样的挑战吗？

戴相龙：我认为，党和国家领导人对中国金融业参加世贸组织后面临的机遇和挑战有着全面正确的分析。一方面，看到我国金融业存在的问题。长期以来银行、保险、证券基本上没有按照现代金融企业来办，管理落后、资产质量差、盈利水平低，在中国境内有很多方面难与外国金融机构竞争。另一方面，看到我国金融业改革和发展的优势，我国金融市场广阔、人才众多，有竞争力。国家领导人看得很远，通过适度开放，我们可以吸收更多的资本和先进的管理经验，会对我们国家金融业的改革和发展发挥促进作用，为我们国家的银行业走向国际

戴相龙

创造有利条件。因此，中国政府对金融业参加世贸组织所开的条件，是积极的，又是可承受的。中央领导下决心对我国金融业进行整顿和改革，也为我国金融业参加WTO，扩大金融业对外开放创造条件。

《21世纪》：1999年12月4日您在中国人民银行召开的国际国内经济金融形势报告会上作了主题报告，认为中国加入世界贸易组织"从长远看，利多弊少"。您是否可以回忆，当时党中央做出"利多弊少"的判断是否清晰？"得"是什么？"失"又是什么？

戴相龙：中央领导多次讲，参加世贸组织是有利有弊，利大于弊，是中美（外）互利双赢。我理解"利多弊少"不是对各个开放事项利弊的加减结果，而是对中国参加世贸组织长远得失的总体判断。中国参加WTO，有利于促进内部改革，有利于利用国内外资源和市场发展中国经济，符合中国长远利益。另外，中国参加WTO，是以发展中国家的身份参加，所有承诺对我们又是有压力，又是可以承受的。美国政府也同意给中国永久最惠国待遇，放弃一般保护条款，5年取消对中国纺织品进口配额管理，也考虑到了中国利益。在金融业对外开放的具体条款上，既考虑我国行业和市场的承受力，也给外国金融机构扩大了参与中国金融市场的机会。

《21世纪》：中国加入WTO必将对国内行业利益进行调整，党中央、国务院是如何统一党内高级干部思想的？都在什么场合或者以何种方式？有人说，中国政府做出加入WTO的决策时是"黑箱作业"，没有充分听取部门的意见，是这样的吗？

戴相龙：WTO的前身是1948年成立的关税和贸易总协定（GATT），中国是GATT的缔约国之一。1986年中国申请重返关贸总协定。中国要参加WTO是顺理成章的，是既定目标，大家关心的是在什么时候、各个行业以什么条件参加WTO。

1998年6月，江泽民主席提出加入WTO三原则，即：WTO没有中国参加是不完整的；中国毫无疑问要作为发展中国家参加；中国加入WTO坚持权利和义务平等原则。这些原则，不但是说给外国领导人听的，也统一了中国党政和企业领导人的思想。中国政府就重大问题的决策，都有一套完整的议事程序的。

中国政府和领导人在作出加入WTO的决策时，对有关行业加入WTO后的利弊，都进行了专题分析，并在广泛征求各方意见和建议基础上作出的决定，根本不存在所谓“黑箱作业”。党中央、国务院还通过中央党校和国家行政学院对高级干部就参加WTO进行全面培训。

《21世纪》：在WTO协议签订前，在美方提出最后要求这一谈判高峰时，以您的亲身经历，当时的中央领导人，如总书记和总理对重大问题是如何决策的？

戴相龙：1999年11月12日上午8时，美国驻华大使馆临时代办威廉·麦克海约见石广生，后见龙永图，提出美方的最后要求，外贸部领导将美方意见汇报给中央领导。对美方提出的几个重大问题，是在江总书记指导下由朱总理直接处理的。12日深夜，朱镕基总理通知国务院有关部委主要领导到中南海开会，当时我接到通知后立即赶往中南海。13日凌晨1点，朱镕基总理召开会议。先是朱总理讲话，后由石广生介绍中美双方谈判最后分歧，之后是大家讨论，最后朱总理总结。

在这次会上朱总理强调：首先，中外合资寿险公司中的外方股份不能超过50%，中外合资增值电讯业务的外方股份不超过50%，在这两个50%上我方决不让步；其次，基础电讯出入口必须经过中国，在这个问题上，中方绝对不能让步；最后，一般保障性条款，美方提出15年后取消，我方提出10年后取消。11月13日上午10时半，朱总理在中南海紫光阁会见美国贸易代表查伦·巴尔舍夫斯基和美国国家经济委员会主席吉恩·斯珀林带领的美国政府代表团。11月15日上午9时50分，朱镕基总理率副总理钱其琛、国务委员吴仪到外经贸部，和美方代表谈判。有关1999年11月13日、15日朱镕基总理最后两次与美方谈判的谈话，这些内容在《朱镕基讲话实录》第3卷第352页到374页有详细的披露。

《21世纪》：以银行、保险、证券为例，加入世界贸易组织时承诺的开放程度是如何考虑的？包括经营人民币业务的地区和客户对象的限制，中外合资证券公司和保险公司中的外资股权比例限制，以及外资保险公司开放地域和业务范围的限制。

戴相龙：在加入世界贸易组织的谈判过程中，我方本着互惠互利、争取双赢的原则，既要承诺我方应承担的义务，又要保护我国的民族金融业。在加入世界贸易组织的协议中，我国银行业、保险业、证券业开放程度是与这三个行业的现有对外开放程度、承受能力和未来发展趋势相适应的。

我国对银行业参加WTO承诺的开放度，是在已有开放基础上扩大的。我国银行业对外开放始于20世纪80年代，到参加WTO前，从允许外资银行来华开设代表处，到允许其开设营业性分支机构，开放程度不断提高。截至1999年底，允许23个城市设外资银行，已有18个城市开设外资银行，并且已有33个国家和地区的87家外资金融结构和企业集团在我国境内设立182家营业性金融结构。此外，有38个国家和地区的166家外资银行在我国境内设立248个代表处。截至1999年末，在华的外资银行资产总额318亿美元，占我国金融业总资产不到2%。其中外汇贷款余额218亿美元，约占我国境内全部外汇储备1/5。

在最后一轮谈判中，我国在银行业开放方面主要把握四个原则：一是对外资银行经营人民币业务的地域、客户仍要限制，不能马上取消；二是将外资银行经营人民币业务的地域限制和客户限制分别实施，坚持人民币业务客户限制的开放服从于地域限制的开放；三是对外资银行跨地区经营人民币业务仍要实施限制，不需经过审批；四是在市场准入方面保留相应的限制，要经金融监管当局严格审批。

在证券业开放上把握三个原则：一是在合资证券公司、基金管理公司中，中方保持绝对控股地位；二是合资证券公司不得进入A股二级市场；三是合资基金管理公司业务范围与中资公司业务范围一样。

在保险业开放上把握三个原则：一是外资进入寿险领域只能设立中外合资寿险公司，外资股份不超过50%，同时拒绝美方提出的增加外方拥有管理控制权的条款；二是拒绝了美方提出的每年必须批准若干家保险公司进入中国市场的要求，只承诺按照审慎监管的原则审批市场准入；三是不承诺保险经纪公司进入中国市场。1999年底，已有9个国家和地区的14家外国保险公司在华设立20家营业机构。全年保费收入约20亿元人民币，占全国1393亿元保费收入的1.5%。

《21世纪》：您参加了1999年9月5日国务委员吴仪主持的研究恢复谈判参加WTO底线的会议，时过境迁，您还能回忆当时如何讨论我国政府涉及金融开放的底线内容？

戴相龙：1999年9月5日国务委员吴仪召开会议，研究恢复谈判参加WTO的底线。石广生部长介绍我方的底线。

涉及金融开放的内容是，银行方面：在同城营业网点设立上不承诺给予国民待遇；有关经营人民币业务，美方提出参加5年后取消人民币业务在地域上限制，中方坚持5年后扩大到24个城市；人民币服务对象，先对工商企业，然后承诺对居民个人办业务。保险业务方面：美方提出一年后寿险公司的外资比例不超过51%，我方提出不超过50%；保险经纪业务，美方提出，中方不承诺；保险业开放地域，美方提出参加5年后取消限制，中方提出6年取消。证券业务方面：美方提出中国加入WTO后，在中外合资基金管理公司中，外方持股比例不超过49%；5年后，中外合资证券公司，外资比例达到49%，进行一年A股试点；中方提出，入世后合资基金管理公司中，外资比例不超过33%，加入后3年不超过49%；证券公司，加入后3年，外资不超过33%，不承诺49%；不同意外方进行A股试点。

《21世纪》：中美双边谈判有关外资在寿险公司的比例发生的分歧，差点致使谈判终结，请您谈谈这方面情况？

戴相龙：美国友邦保险公司于1931年在上海创立，总部设在香港。1992年美国友邦保险公司在上海成立分公司，这是第一家获许在中国大陆经营保险业务的独资外资公司，也是第一家把保险营销制度引入国内的保险公司。当时，我国保险业刚刚开放，对外资投资比例不作规定，对财险和寿险也未要求分设，友邦保险公司在上海成立合资外国分公司是美方全资公司，同时办理财产、人寿业务。对寿险和产险业务分设公司经营后，上海友邦公司则成立了外国全资公司。1995年，中国人民银行把外资投资比例从不作限制降到51%，但未出台相关管理办法。1997年和1999年中美谈判，美方提出外资寿险公司比例可达51%的要求。

中方认为，中国是发展中国家，过去允许美国友邦保险公司在中国成立外方全资公司经营寿险业务，是开放初期的个案，不能作为参加WTO的普遍标准。美方坚持寿险公司外资比例可超过51%，中方坚决反对，坚持最高比例只能是50%，但产险公司外资比例可不受限制。有关这几个问题的争执，几乎导致最终谈判破裂。经过一揽子谈判，最后美方对中方要求给予了理解。

2005年公布的外资保险公司管理条例的“实施细则”明确，“经营人身保险业务的合资保险公司，其中，外资比例不得超过总资本的50%”。到2011年4月，外资保险公司在中国内地有24家，其中一家即友邦保险公司为外资独资，并在上海、广州、佛山、深圳、东莞、江门、北京、苏州设立了分公司，其余23家为中外合资，外方股本最高不超过50%。

《21世纪》：WTO中美双边协议中美国承诺了什么？中方坚持了哪些原则？又在哪些方面进行了妥协？

戴相龙：1999年11月22日吴仪国务委员召开参加WTO谈判工作领导小组会议，由石广生部长（团长）通报6天与美谈判情况，研究后续工作。石广生部长介绍中美协议主要内容：第一是美国承诺了什么：(1) 承诺给予中国永久最惠国待遇；(2) 放弃特别条款；(3) 向中国出售高新技术；(4) 5年后取消对华纺织品进口配额；(5) 反倾销条款，12年后取消。我们认为长了些。第二是我方守住什么：(1) 增值电讯，寻呼机合资外方不超50%；(2) 寿险外资不超50%；(3) 音影娱乐软件，是允许分销，不许制作；(4) 2006年7月1日，汽车关税降为25%，2005年降到30%；(5) 保留化肥专营权。第三是我们作了什么让步：(1) 大豆关税降到35%，不讲配额；第二和第三项的具体内容我记不清楚了；(4) 是汽车关税；(5) 电讯、传呼外资可占50%（原坚持外方49%）；(6) 外资银行除地域、客户限制外，可给国民待遇；(7) 承诺电信增值服务；(8) 加入后每年加5部电影；(9) 大型商业寿险公司可进中国，外方占股份50%。

吴仪同志就中国参加WTO多次召开会议。1999年12月3日，她向我们宣布成立WTO工作小组，总结近期工作。吴仪同志是组长，王忠禹为副组长，有关部门主要领导是成员，其中，戴相龙、周正庆、马永伟是成员。2000年1月12日，中央举办省部级主要领导干部财税专题研究班（1999年初举办金融专题研究班）。此班后期增加参加WTO的培训。2000年5月29日、8月25日、11月10日，吴仪同志多次召开参加WTO工作小组会，分别研究中美达成协议后中国参加WTO的一系列后续工作。

《21世纪》：我想知道，您当时作为央行行长，您对金融业参加WTO最大的担心是什么？

戴相龙：我最担心的主要还是人才竞争。我国金融业不乏金融人才，但是我们的金融企业长期执行行政事业单位的人事薪酬制度。做同样的工作，有同样的资历，一个专业人才，在国有银行月薪2000块钱，但是在外资银行就可能有几万元、十多万元。我担心中资金融企业高管人员会被外资企业挖走，从而也把高端业务客户带走。我担心的问题最初也发生了，但是，中方人才很多，部分人才流失并未影响大局。再说，中资金融企业改革加快，工资收入也有了很大提高，促进了中资银行人

2001年加入WTO开始，中国的金融改革便驶入了快车道。2002年12月，中国实行合格境外机构投资者制度，迈出了资本市场融入全球化的第一步。2003年3月10日中国银监会成立，标志着“一行三会”金融监管格局的形成。图为上海陆家嘴金融一条街

才队伍的稳定。当时也没想到我们股份制金融企业的改革进展这么快，也没有想到股份制金融企业高管人员也会有几十万、一百多万元的年薪。另外一个担心是，外资金融企业有管理优势和管理经验，他们的金融产品比我们丰富，很多金融产品他们有，我们没有。但是，后来看，这个担心也是多余的。外资金融机构只能依法从事各项业务，如开办新的金融产品

必须要经过人民银行审批，中资金融机构也可办理，经过学习，中资金融企业也会办得很好。比如保险行业，美国的公司是雇了几千名、上万名业务员上门去卖保单，这些做法很快就被我们吸收。总的看，过去对金融业参加WTO的承诺，我们全部兑现，而且开放幅度在加大，参加WTO明显促进了中国金融业的改革发展。

中国金融业如何为加入WTO做准备

《21世纪》：今天我们的银行业今非昔比，工农中建交都已经上市，工商银行已是世界市值第一的银行。在谈判之初，我们银行业的资产状况是什么样的呢？

戴相龙：很长时间以来，我们的银行基本上是一个半事业、半企业性质的机构，银行形成大量不良资产的原因是多方面的。有的地方把银行当成“第二财政”。政府必要的开支，如果财政拿不出钱就让银行拿，因为财政的收支预算、决算要受到人大审查，赤字多了不行。银行补了财政收支缺口，最终形成不良贷款。

过去银行也没有资产质量评估和监控制度，只是考核贷款的周转率。1987年我在农业银行当副行长时，当时国务院提出对经济增长实行“集约化”经营，根据这个精神，我们在农行推行了“信贷资产集约经营工作计划”，其中最重要的一条措施，就是制定资产质量划分标准，降低不良贷款率。1987年七八月份，我组织了8个经济师在延庆召开了研讨会，讨论银行的资产质量怎么划分，我们提出“四级分类法”，把贷款质量划分为正常、逾期、呆滞、呆账。按照四级分类方法，当时农行的不良贷款是15%。1995年6月15日，我在人民银行筹备和召开了全国银行业经营管理工作会议。朱镕基同志出席会议并讲话，要求4家国家专业银行2—3年把不良贷款比例从1994年的20.4%降到17%以内。他评价人民银行召开的这个会是历史上召开的最好的会议之一。

1998年，因为准备参加WTO，我们改按国际标准推行贷款质量“五级分类法”，这个标准更为严格。8月份，我在广州主持召开人民银行、国有商业银行领导人参加的“贷款五级分类”试点工作会议，发现不良贷款率用五级分类划分比四级分类划分大致上升10个百分点。后来我们就决定采用过渡性的措施，对外继续按四级分类，对内同时增加五级分类，经过3年努力，两个比例比较接近了。从2000年开始，国有商业银行不良贷款开始下降。此后，中国人民银行根据朱镕基总理要求，开始披露国有独资商业银行的资产质量。2002年末，4家银行境内账面不良贷款率按照四级分类是21.4%，比上年下降3.95个百分点；按五级分类，是26.1%，比上年下降4.92个百分点。

《21世纪》：国家银行的不良贷款率为什么那么高？1994年4家国家专业银行不良贷款率是20%左右，1999年不良贷款比例上升到38%。剥离不良贷款后为什么不良贷款率不降反升呢？

戴相龙：国家银行存在巨额不良贷款，一是因为中国融资结构不合理，间接融资比例过高，直接融资比例过低，国有企业无本、微本经营，风险转嫁到了银行。二是国家银行没有办成真正的银行，成为“二财政”，贷款放出收不回。三是国家银行承担了国家经济体制改革和产业结构调整的成本。四是社会信用环境差，逃废债务严重。对此，朱总理在2002年中央金融工作会议上的讲话中有深入分析。1999年成立4家资产管理公司为国有商业银行剥离大量不良贷款，大量剥离工作是在第二年进行，不良贷款比例下降没有反映在当年。1999年不良贷款比例比1994年还上升18个百分点，原因是多方面的。1992—1993年经济过热，银行乱拆借，乱办信托公司，造成一大批不良贷款，并在1995年后逐步暴露。1998年后国有企业兼并破产，又增加一大批不良贷款。外国银行发现借款人不能及时归还到期贷款，不仅不会继续贷款，而且要依法追回贷款。而在中国，即便企业不能归还到期贷款，还不得不同意延期还款，甚至追加贷款。1999年全国贷款9万亿元，比1994年增长一倍，不良贷款增长更快。随着不良贷款越来越多，又没有利润，资本金得不到相应补充，坏账增加，很容易使银行资不抵债。另外一条原因，是社会融资结构不合理。融资渠道应该包括两个方面，直接融资形成资本，间接融资形成负债。我国股票市场融资少，企业做无本生意，生产经营靠贷款。一旦企业严重亏损，最后都成了银行的不良贷款。

《21世纪》：为了适应加入WTO后金融业的开放，中央是如何进行银行改革的？当时的中央领导人有一整套银行改革思路吗，还是面对外资银行压力，而进行的被动调整？

戴相龙：中国的金融改革不只是为适应加入WTO后金融业的开放，中国金融改革是为了适应和服务中国特色社会主义市场的发展，与此同时，也适应参加WTO后的对外开放。中国的金融业改革是在党中央、国务院的直接领导下主动进行的，是有理论指导的、有规划、有步骤、循序推进的。邓小平理论中的有关金融业改革和发展的重要论述，如"金融是现代经济的核心"、"把银行办成真正的银行"等，指导了我国的金融改革。党的十四届三中全会、十六届三中全会在有关经济体制改革若干意见中也明确了中国金融改革的方向、目标、主要任务，胡锦涛总书记在党的十七大报告中也明确了金融改革的主要内容。1997和2002年中央金融工作会制定了中国金融改革的重要政策。

在1985年前，中央银行是办工商信贷业务的，此后把工商信贷业务分离出去成立工商银行，加上其他银行共成立4家国家专业银行。到1995年公布商业银行法后，又把专业银行一分为二，变成商业银行和政策性银行，工农中建都是商业银行，国家开发银行、农业发展银行、中国进出口银行是政策性银行。到了2002年以后，又把我们的4家国有独资商业银行改成股份制银行，并分别成为上市银行了。现在，又正在把国家开发银行改为商业银行。中国金融业的改革路线图是非常清晰的、连续的，经过20多年努力，基本建立与中国特色社会主义相适应并为其服务的现代金融体系，这在欧美国家政体下是难以做到的。

《21世纪》：1997年与2002年两次中央金融工作会议传达了什么最重要的改革信息？是否与加入WTO密切相关？

戴相龙：1997年11月17日中央召开的金融工作会议规格很高，各省、区、市的行政一把手、国务院各部门的部长和全国性金融企业领导人及主要银行的一些分行长都参加了会议，江泽民总书记、李鹏总理、朱镕基副总理都作了重要讲话。在这个大会上，我发言讲了全国金融风险问题，周正庆同志发言讲了证券风险，曾培炎同志就这次会议文件起草作了说明。中央领导在筹备召开这个会议时说，我们党办事从来都是坚持调动中央与地方两个积极性，但是货币信贷要在全国调度，必须加强党和国家对金融工作的集中统一领导，同时，也要发挥地方积极性。这个会议形成的文件出台15条措施，最重要的措施是：人民银行和工、农、中、建等国家大型金融机构成立了垂直领导的系统党委，由新成立的中央金融工委统一管理，由政治局委员、副总理温家宝同志兼任书记；撤销人民银行省分行，建立跨区域一级分行；对银行、保险、证券实行分业经营、分业监管；整顿金融机构，撤销和关闭严重违法违规的地方金融机构；要求国有商业银行力争三年内使不良信贷资产比例平均每年下降2—3个百分点。这次会议的目的主要是化解金融风险，加强统一管理，在中国金融业起到一个治乱的作用。

2002年2月份又开了一次中央金融工作会议，参加会议的人跟上次一样，这次会议的核心任务是讨论现代金融企业制度建设，提出要对国有独资进行股份制改造，同时创造条件上市。两次会议内容的重点不同，第一次着重是治乱化险，第二次着重是改革金融管理体制。

这两次中央金融工作会议的召开，与我国参加WTO有很大关系，但是，更是为了建立和完善与中国特色社会主义相适应的金融体系，增强我国金融企业的竞争力。通过这两次金融工作会议和以后的重要会议，使我们国家的金融业从原来比较混乱，走向了相对规范，从原来风险聚集过渡到稳健经营，为后来金融业现代化打下了基础，这也就为我们参加WTO，更好履行参加WTO的承诺，为我们走向国际创造了有利条件。

《21世纪》：国有银行不良资产率在30%以上，国家在一段时期内逐步救助国有银行降低不良资产，能讲讲我们还不知道的故事吗？

戴相龙：银行存在巨额不良贷款，有银行内部管理问题，更主要是体制、机制问题，解决这些问题要靠改革。但是，若等待银行改革，靠银行利润解决不良贷款是不可能的，而且会积累金融风险。所以，国家对有关金融企业必须救助，为其自身发展创造条件。1998年、1999年和2003年后，国家对国有商业银行共有三次救助安排。为了帮助国有商业银行改革创造条件，必须对其资不抵债进行救助，这是进行我国经济和社会体制改革必须付出的经济成本。

第一次救助国有商业银行是在1998年。根据1995年公布的商业银行法规定，商业银行资本充足率必须达到8%以上。当时4家国有商业银行资本充足率远远达不到这个规定，而中央财政又无力拨增资本金。我向朱总理建议，通过发行定向国债为国有商业银行充实资本金。具体操作方式是：中央银行下调商业银行存款准备金率0.5个百分点，有关商业银行用置换出来的资金购买中央财政发行的定向国债，财政部再将筹集到的资金拨补有关银行资本金。这个建议得到了朱总理的同意，并要我按程序推进。我奉朱总理之命找到人大财经委主任柳随年，他是著名经济学家，很了解我国银行不是真正独立的商业银行，救助资不抵债的国家银行是必须的。他召集人大财经委员会副主任会议，我向他们作了汇报，得到了他们的支持。紧接着我们又向田纪云副委员长汇报，他也表示同意。财政部部长刘仲藜于2月27日向人大常委会就此议案作说明，2月28日人大常委会通过了相应决议。特别国债期限30年，年利率7.2%，共为4家国有商业银行充实2700亿元资本金。这项措施是符合法规的，是按程序进行的，对提高国有商业银行资本充足率发挥了重大作用。

第二次救助国有商业银行是在1999年。当时测算4家银行资本充足率，是用1997年6月的统计资料，实际不良贷款远比原来掌握到的数据要大很多，而且在迅速上升。为了集中处置工、农、中、建四大国有商业银行历史遗留且长期得不到解决的不良贷款，1999年国务院又决定先后成立信达、华融、长城和东方4家资产管理公司，分别收购、处置、经营来自四大国有商业银行及国家开发银行约13900亿元不良资产。国家开发银行当时不是商业银行，也给它剥离了1000亿不良贷款，但是没有成立资产管理公司。具体做法是，由中央财政分别向4个资产管理公司拨付100亿资本金，中央银行向有关资产管理公司发放再贷款，公司用此资金以原价收购从相关银行剥离出来的不良贷款，相关商业银行用按原价出售公司不良贷款后获得的资金再归还对央行的借款。这次剥离后，商业银行的不良资产从38%下降到28%。

第三次对国有商业银行及其他国有金融企业救助是在2003年和以后一段时间。尽管通过剥离不良贷款使不良贷款率有所下降，但到2001年底的时候，由于国有企业改制重组要冲销银行近8000亿元贷款，4家银行中大多数

中国银行业监督管理委员会外景

银行仍居于资不抵债。我分别跟工商银行行长姜建清、农业银行行长尚福林、中国银行行长刘明康、建设银行行长测算各行资本充足率，测算结果是，对4家银行累计剥离9700亿元不良贷款后，方可使4家商业银行总体计算达到资能抵债，从而为这些银行向各方面筹集资本金创造条件。2002年，人民银行曾建议是否再一次为4家银行剥离不良贷款，由于当时缺乏相应条件，未能对这项建议深入论证。2003年3月新一届政府成立，继续为国有金融企业注入资本或剥离不良贷款。中央财政向金融机构发行国债，用所筹资金购买2000亿美元，交由中投公司投资，其中约800亿美元用于充实有关金融机构的资本金。中央银行与中央财政合作，又为国有银行剥离不良贷款1.8万亿元，操作方式比1999年有了改进。

从1998年到现在为止，国家以各种方式，包括人民银行的再贷款，财政注资，共为国有大型金融企业增加资本金和剥离不良贷款3万多亿元人民币。采取这些救助措施为后来的国有金融企业股份制改革和上市创造了条件。如前所述，4家国有控股的大型商业银行上市后，不仅获得了巨额利润，向国家缴纳了大量税款，而且为我国金融业稳健发展和逐步迈向国际化创造了条件。实践证明，国家对国有金融企业的救助是必要的、成功的。

《21世纪》：您能再讲讲对地方金融机构救助的故事吗？

戴相龙：改革开放以来，我国新设一批中小型地方金融机构，主要是城市商业银行、城市信用社、信托投资公司等，20世纪80年代地方还设立了许多农村合作基金会。这些机构在促进金融改革、支持经济发展中发挥了一定作用。但是，也有不少机构严重违法违规经营，产生许多犯罪案件，造成资不抵债，不断发生群众挤提存款事件，影响社会稳定。国务院决定，对这类机构或者撤销，或者关闭，并依法惩处犯罪分子，同时，取缔非法机构。2000年4月以来撤销城市信用社300多家，信托投资公司84家，清理、关闭大量农村合作基金会。在清理、撤销、关闭这些金融机构时，面对最大的问题是如何维护存款人特别是自然人合法权益。1999年4月，我陪江泽民总书记到四川调查，省领导汇报关闭农村合作基金会后，老百姓的存款无法支付，于是出现了老百姓冲砸乡政府和金融机构的事件，希望国家帮助解决。后来我和省里领导共同想了一个办法，当时工农中建4家银行省分行每年要向地方政府上缴5%的营业税，有30多亿元。我建议银行先拿出30亿元来借给省政府，确保支付农民的存款和利息。年底商业银行用这笔借款抵缴营业税，双方都不吃亏，叫作“四川模式”。但是，这个做法是救急，不宜推广。

后来处理类似问题时，没有再采用四川的做法，但是，中央不拿钱，存款支付问题仍然不能解决，中央拿钱也不能由中央财政安排。1999年11月12日，国务院专门研究这个问题，会议决定主要内容是：坚决关闭严重违法违规的地方金融机构；由人民银行发放再贷款，支付存款人特别是自然人合法存款，此项借款由地方政府借、还；依法查处违法犯罪案件。同时，制定了有关管理办法。朱总理对这项工作十分关心，为此还给我写了信，此信收在《朱镕基讲话实录》第4卷中。当时测算，关闭这些金融机构，要保证正常的存款支付，需要中央银行贷款2000亿元。由于控制得比较严，中央银行实际借出去1500亿元，到目前为止，地方政府还了800亿元，还有700亿元左右尚待归还。应该讲，中国这么大，关闭那么多违法地方金融机构，为维护存款人合法权益和社会稳定，采取上述办法是没有办法的办法，也是依法有序进行的，效果也是好的。

《21世纪》：化解地方金融风险工作相当复杂，你们是怎么做的？

戴相龙：第一，中央银行摸清省市区的地方金融风险的底数。第二，为国务院代拟各种处置金融风险的法规及政策，并让有关领导、有关人正确理解和执行这些法规。第三，国家有关部门和地方政府密切合作。人民银行改进作风，不是靠地方首长来京会商，而是我们下去当面谈。我曾带人民银行有关司局长及工作人员到广东、湖南、辽宁、山东、河北、重庆、四川等8个省市，面对面商议，化解地方金融风险问题，并在事先充分沟通的基础上，明确双方义务。地方政府负责处置风险、保稳定、还借款。人民银行负责法规咨询、专业指导、及时安排再贷款。国务院有关部门与有关地方相互谅解，密切合作，较好地完成了集中处置地方金融风险的任务。

(选自《21世纪经济报道》
2011年11月21日)

中国“复关”谈判之初 /沈觉人

1986年到1991年，国务院决定我为代表团团长，主持中国“复关”谈判的有关工作。这是中国漫长“复关”和加入WTO道路的第一阶段。今天，对这件事情比较了解的人已经不多了，社会上还有一些似是而非的看法。我找出当年的笔记，结合自己的记忆，把这个问题梳理了一下。

“复关”工作启动

从1983年1月国务院批准同意申请“复关”到1986年7月正式向关贸总协定递交“复关”申请，中间一共是三年半的时间。在这段时间里，我们做了大量的准备工作，应该讲是比较充分的。

国务院成立了“复关”领导小组，第一任组长是国务委员张劲夫，后来是国务院副总理田纪云；副组长由外经贸部部长、外交部部长和海关总署署长担任，成员包括各相关部门的负责同志。

我们做了大量调查研究，比如派代表列席关贸总协定缔约方大会，向关贸总协定秘书处咨询准备工作主要努力方向，派代表团到已加入关贸总协定的匈牙利、南斯拉夫这两个社会主义国家考察，后来还去巴基斯坦进行了考察。

我们也做了不少培养人才的工作，曾专门请匈牙利派专家来给我们讲课。和双边贸易人才相比，有关关贸总协定需要的多边贸易人才，培养起来要困难得多。

1983年7月，我们加入了国际纺织品贸易协定。这个协定虽然不是关贸总协定下面的一个协定，但是由关贸总协定组织谈判达成的。1984年10月，我们又通过申请成为关贸总协定缔约方大会观察员。

当然，最重要的工作是撰写贸易制度备忘录，这是正式申请时要提交的主要资料。当时我们对申请"复关"的程序真是不太懂，计划先老老实实地把贸易制度备忘录写好，然后和申请书一起递交。备忘录从中国人口面积开始写起，内容包括经济体制、外贸体制、税收体制、价格体制等等，一直写到中国有关经济贸易的出版物，统统都在里头，很复杂，写起来非常难。因为内容涉及国内众多的部门、行业，要大家商量着写，所以协调组织任务很繁重，时间耗费很多，最后还要经过国务院核准，才能拿出去。

1986年，围绕着7月正式提交申请，有三件事非常重要，可以说开启了"复关"谈判进程。

1986年1月，我在华盛顿同美国贸易代表署(USTR)谈纺织品贸易配额问题。谈判快要结束的时候，美方内部来了一个电话，说他们负责多边贸易谈判的助理代表道格拉斯·纽科克想见见我。我说可以，随后就和他见了一面。这次见面虽然纯粹是礼节性的，他给我介绍了关贸总协定的一些情况，但可以说是中美双边谈判的前奏曲。当时我刚刚担任外经贸部部长助理，并不负责"复关"谈判任务，但非常意外地第一次接触到关贸总协定的事务，后来"复关"谈判中的中美双边谈判就是由我们两个人主持的。当时我们部里分管多边贸易的是另一位领导，可能部领导商量过了要我来接，但是还没有正式跟我谈过。我后来想，美国人约我谈，可能是他们得到了一些消息。在我访美的前几天，关贸总协定总干事邓克尔首次访华，赵紫阳总理会见了他，专门提出希望早一点解决"复关"的问题。随后，外经贸部领导也会见了他，在谈话中，有可能透露出今后"复关"谈判由我来负责。

1986年7月10日，中国正式提出关于恢复在世界贸易组织前身关税与贸易总协定（GATT）缔约方地位的申请。图为关贸总协定的成员在日本东京开会

第二件事比较重要，对1986年7月正式递交申请起了关键性作用。6月，我到日内瓦参加联合国开发计划署第33届理事会，当时已经明确由我接管多边贸易事务了。这个会本身并不特别重要，我主要有两个任务：一是广泛接触驻日内瓦的各国大使，听取他们对中国"复关"应该怎么进行的意见。二是1986年9月关贸总协定缔约方部长级会议将在乌拉圭召开，中国想参加这次会议和乌拉圭回合谈判，但作为观察员，不知道能不能参加，要打听一下。

这期间，欧共体驻日内瓦的大使给了我们不少帮助。他是越南裔，对中国态度很友好，讲的话也很诚恳。他说，乌拉圭会议的参会资格问题已经讨论过了。有资格参加会议的是两种国家和地区，一种是关贸总协定的缔约方，另一种是已正式提出加入关贸总协定申请的国家和地区。我对他说，我们是想正式提出申请，但我们是这么考虑的，先写好贸易制度备忘录，然后与申请书一起递交。但是备忘录起草要费很长时间（实际上，按当时的进度，再过半年时间也写不出来）。他说，你们不需要这样，可以先递交申请书，三个月之后或者半年之后再提交备忘录，这是关贸总协定允许的。他说的情况，我们以前真是不知道啊！我脑子里马上就想，申请书一页纸，很容易写，贸易制度备忘录很长，不好写。应该向国务院建议，调整一下程序，先递交申请书，争取参加9月的乌拉圭会议。我和钱嘉东大使商量，他也同意。第二天，我去拜访关贸总协定总干事邓克尔，向他透露，我们可能会先递交申请书，然后再提交贸易制度备忘录。他马上反应过来，说你们是不是想参加乌拉圭会议？我说，有这个意思，但更重要的是我们写贸易制度备忘录很费时间。

我一回国，就向外经贸部党组汇报，并由外经贸部向国务院写了报告，建议先递交申请书。国务院很快同意。因此，7月就由钱嘉东大使在日内瓦正式向关贸总协定递交了申请书。

第三件事，是9月15日到20日参加在乌拉圭召开的关贸总协定缔约方部长级会议。在这次会议上，我们主要做了三方面工作：一是报名参加大会发言。我在大会上谈了中国的对外开放、贸易发展和争取"复关"等内容。当时没有随团记者，没有留下任何镜头。我手头上的唯一一张照片，是由乌拉圭新闻局拍摄的，我们买了下来。二是争取到了全面参加乌拉圭回合谈判的资格。在这个问题上，加拿大代表团对我们有很大的帮助，其中起重要作用的是加拿大驻中国大使。会议结束时，大会主席乌拉圭外交部长伊格莱西亚斯宣布，所有关贸总协定缔约方以及正式提出加入申请的国家和地区，都可以全面参与乌拉圭回合谈判。三是同参加会议的各代表团进行了广泛接触，争取支持。美国代表团400多人，欧共体、日本也都派出庞大代表团，而我们代表团只有7人。到会的100多个国家和地区代表团，我们接触了近50个。其中我想特别讲一下的，是我们跟美国代表团之间的接触，对以后的谈判进程非常重要。

乌拉圭会议召开之前，美国国内放出一种空气，说中国参加关贸总协定是不可能的事情，中国现阶段的经济体制跟关贸总协定不符。因此，我们到了乌拉圭以后，也很犹豫，到底和美国人谈还是不谈？后来，我们经过团内商量，决定还是谈，了解一下美国人的态度。出乎意料的是，我们正式向美方提出会谈的建议后，美国代表团迅速答复同意。双方各派出4人，于9月15日谈了半个多小时。美方领头的是正部长级贸易代表尤特，上面我提到的道格拉斯·纽科克也是其中的一个。中国这边是我、钱嘉东、陈健（后来曾任联合国副秘书长，时任外交部国际司参赞）和王世春。美方主要讲了这么几点：一是欢迎中国回到关贸总协定。有人说美国对此不积极，这是不真实的。二是希望中国加快进度，在明年一年之内就解决问题。三是美国提出的问题，可能比其他国家提的要多。四是中国经济改革取得了成果，方向是正确的，可以同关贸总协定相协调，与其他国家（指苏联、东欧社会主义国家）不同，希望中国的改革取得成功。五是凡到过中国的朋友都对中国的改革有深刻的印象，也包括他们在内。美国的积极态度，出乎我们意料。双方还商定，当年11月美国派团访华，进行非正式磋商。

在乌拉圭外交部长举行的一次招待会上，我认识了李显龙，他当时任新加坡贸易部部长。在关贸总协定各种场合，通用的语言只有英语，但后来李显龙说，我们讲中国话吧。我当然没有意见。他的中国话讲得很好，给我印象很深，从此我们成了朋友。那天晚上，我还认识了现在的香港特首曾荫权，那时候他是香港贸易署一名比较年轻的官员。1991年我到香港工作以后，曾荫权跟我联系很多，我们经常谈到关贸总协定的有关信息。

在乌拉圭开会期间，我们还有

一项重要任务，就是推动乌拉圭同台湾当局断交，和我们建交。当时，乌拉圭羊毛出口非常困难，他们想多出口羊毛到中国，但是因两国间无政府贸易协定，中国普通关税税率比较高，乌拉圭竞争不过其他国家，希望中国给予优惠税率。当时，通过民间贸易协定的形式，中国给予了乌拉圭一年的优惠政策作为照顾，但马上就要到期了，乌拉圭上下非常着急。我一到乌拉圭的机场，来自政府、工商界、新闻界的人围了一大堆，都是问有关羊毛的问题。我说带来了一些解决的办法，会跟你们政府的外交部长谈。记者问这个信息能不能登报，能不能告诉总统，我说都可以。后来我和乌拉圭外交部长伊格莱西亚斯见面，在谈到羊毛问题时，我表示，中国政府为了表示友好，愿意再给你们一年的优惠，但是这个问题要真正解决，必须两国之间达成正式的贸易协定。这个意思是很清楚的。仅仅隔了一年多，1988年，乌拉圭与台湾当局断交，中国和乌拉圭正式建交并随后签订了政府间贸易协定，乌拉圭产品向中国出口，可享受最优惠关税。

多边谈判

中国"复关"具体谈判分为两部分，一部分是双边谈判，一部分是多边谈判，两者同时交叉进行。中国与关贸总协定成员之间进行的市场准入谈判属于双边谈判，重点解决市场准入问题，涉及关税逐步降低、进口限制逐步取消等内容。多边谈判，即中国议定书和工作组报告书的谈判和起草过程，重点解决遵守关贸总协定规则，中国在关贸总协定中的权利和义务问题。只有多边、双边谈判全部结束后，才能完成法律文件的起草工作。

我们递交了贸易制度备忘录之后，关贸总协定就开始成立中国工作组。工作组采取自愿报名的原则，凡是关贸总协定的缔约方，在截止日期之前，都可以报名参加。一共有30多个国家报名参加中国工作组。这时候，在谁担任工作组组长问题上，发生了争论。主要是美国和欧共体各有人选互不相让。最后的结果是，由中立国家瑞士驻日内瓦大使吉拉德担任中国工作组组长。

中国代表团当时的成员不仅有外经贸部的同志，其他相关部门的同志也参加。我手头上有一份1987年4月给中央的建议名单，参加的部门包括外经贸部、外交部、海关总署、国家物价局等，还有两位特别顾问，一位是中央财经领导小组的副秘书长，一位是中国社科院世界经济与政治研究所所长。同时，我们还根据谈判的实际需要，请国家经委、国家计委、中国人民银行、外汇管理局、财政部、税务总局、农业部、国家统计局等单位的同志参加。在回答各国提问时，有一些专业问题是请他们讲的，我们讲的不权威、不清楚。

在我担任中国代表团团长期间，从1988年2月正式开始审议我国贸易制度备忘录到1989年5月，中国工作组一共开了七次会议，主要是审查我国对外贸易制度，以便缔约方评估我国的对外贸易制度是否符合关贸总协定的基本要求。

首先是各国大使围绕贸易制度备忘录进行提问，我们予以答复，称为"答疑"阶段。这样的提问、答复不是一次完成的，而是反复进行，一直到满意为止。有人统计过，我们前前后后回答了近2000个问题。前面提到的欧共体驻日内瓦大使在答复问题的技巧上，又给了我们很大帮助。他说，答复问题的方式有三种：对比较有把握的问题，当场答复；对复杂一点的问题，可以准备一下，下次答复；对回答不了的问题，置之不理。即便如此，答复工作也不是轻而易举的，中国代表团付出了很大努力，白天答复的问题，晚上还要整理成英文书面稿，第二天发给大家；同时，白天暂时回答不了的问题，晚上也得准备。我们的同志真是相当好，工作非常认真刻苦，要知道当时我们的工作条件非常艰苦，和现在没法比，住的不是酒店，而是我们驻日内瓦使馆的一个招待所；经费也很有限，过了吃饭时间，去餐馆吃饭经费不够，只能买一点面包在房间里凑合一下。

按照程序，在答疑阶段之后是

加入WTO，为中国经济更好地走向世界、更好地融入世界主流经济、更好地参与国际分工、合作和竞争提供了一个法律框架；同时中国可以在经济发展、产业结构调整、贸易规则等方面借鉴其他成员的经验

对中国外贸体制进行评估。就是拿中国的外贸体制和关贸总协定的规则进行对比，找出哪些符合、哪些不符合。不符合的，必须改革，而且要列出改革的进度表，至于过渡时期怎么办，也要讲清楚。

多边谈判虽然有30多个国家一起参与，但基本上还是以美国为主导，欧共体居于次席。在一年多的时间里，虽然有些国家认为中国贸易制度在某些方面很不符合关贸总协定的要求，但整个气氛还算友好，总体来说也比较顺利，完成了对中国贸易制度的初步评估。其中原因，我觉得有这么几条：第一条，中国实行了改革开放的政策，发展方向是符合"复关"基本要求的。第二条，中国市场广大，对发达国家有吸引力。第三条，中央决策正确，中国代表团工作耐心细致。中国代表团在国务院领导下，工作态度诚恳，几乎是有问必答，暂时回答不了的问题,下一次答复,讲完以后还提供英文的书面材料。第四条,美国和欧共体的政治态度,这是重要的原因。西方国家的主要对手苏联当时还没有解体,而且基本没有进行经济体制方面的改革,而中国的改革开放从1978年以来已经进行了好几年,其势头被西方普遍看好。

1989年政治风波之后,风云突变,以美国为首的西方发达国家粗暴干涉中国内政,对华实行经济制裁,把阻止中国"复关"作为其中重要内容。

那时候,工作组会议停了,高层人员往来也停了,像我这样级别的官员不能到美、欧去了,人家不接待。在这种情况下,我们派了外经贸部国际司的一位副司长,到几个主要发达国家跑了一趟,向他们介绍我们的情况,敦促召开中国工作组会议。1989年12月12日,中国工作组第八次会议勉勉强强召开。本来是要开始起草中国"复关"议定书的,但美国代表明确表示,根据目前的局势,中国"复关"问题已经成为一个政治问题,美国国内不支持政府和中国这样谈下去,必须要先了解中国的经贸政策有什么变化。欧共体代表团也表示,讨论议定书不符合大多数人的意愿。工作组会议一下子又回到了起点,他们又提一些过去已提过的问题,但这样重新来一遍没有意义。我在会上反复解释,中国坚持改革开放,各项方针政策和以前相比没有变化:第一,中国改革开放政策不变。第二,中国参加多边贸易体制,也就是"复关"的态度不变。第三,中国发展经济和发展国际贸易的政策不变。

1990年1月1日,台湾当局"经济部长"陈履安写了一封信,以"台、澎、金、马单独关税区"名义申请加入关贸总协定。但信上他没敢写"经济部长",只有一个名字。陈履安是国民党将领陈诚之子。他还口头承诺,愿接受两个条件,一是关贸总协定提出任何要求他都接受,二是以发达国家的身份加入。这明显是一种投机行为,台湾当局看到西方国家制裁我们,觉得中国政府加入关贸总协定这件事已无希望,趁机钻空子。

1990年夏天，根据国务院的指示，我率领代表团到七个友好国家访问，向他们说明中国政府对于台湾加入关贸总协定的立场，提出了三项原则：第一，中华人民共和国政府是中国唯一的合法政府，台湾是中国领土不可分割的一部分；第二，如果台湾要加入，应该是在中国加入之后才能考虑，而且台湾必须是以"台、澎、金、马单独关税区"的名义。第三，台湾要加入关贸总协定，要同中国政府商量，达成协议之后才可以考虑。1991年10月，李鹏总理致函关贸总协定各缔约方首脑和关贸总协定总干事，再次重申了这三条原则。其实，这三条原则最早是1988年12月我在加拿大蒙特利尔乌拉圭谈判中期审评会期间提出的。当时台湾当局非正式提出要加入关贸总协定，我就此向新闻记者发表了一个正式声明，其中就包括这三项原则。台湾报纸当时评价，大陆对台湾加入关贸总协定，前面是机关枪，后面是铁丝网，让他们动弹不得。

双边谈判

双边谈判也是以美国为主导的。那时候美国很积极，走在别的国家前面，欧共体曾试图取而代之，实际上做不到。美国和欧共体都是谈判桌上的老手，虽然有矛盾，配合还是很默契的。在我主持中国代表团谈判工作期间，中美双边谈判一共进行了五次，中国和欧共体双边谈判进行了三次。

1986年11月，美国代表团访华，开始第一轮非正式磋商，美方对中方提出五点要求；1987年4月，中美第三轮非正式磋商在北京举行，我们提出三项原则、两项要求，由此定下了谈判的主题。美方的五点要求是：第一，贸易制度的统一性。全中国只能有一个统一的贸易制度，不能有几种贸易制度。第二，贸易制度透明度。一切与贸易有关的法律和司法判决、普遍适应的行政裁决和贸易管理的规章都要公开。我们当时为了应付这项要求，创刊出版了一个对外贸易文告，现在还在发行。第三，非关税措施，凡是与关贸总协定规定不一致的都要修改，包括海关估价、进口许可证、数量限制等。第四，价格改革。价格要反映生产要素成本和供求关系，要说明价格改革的时间表和改革的范围。第五，特殊保障条款。当中国某项商品对美国出口激增，美国市场受到“扰乱”时，可以对中国出口商品采取限制措施，包括提高关税。

我们提出的三项原则就是前面提到的中国“复关”三原则；两项要求是：第一，美国要给予中国无条件最惠国待遇；第二，美国要给予中国普遍优惠制(GSP)。按照美国的法律，给中国这样的共产党国家最惠国待遇要一年一审，这实际上不符合关贸总协定的基本原则。发达国家给予发展中国家的优惠，不需要发展中国家回报，这叫普惠制。这是发展中国家享有的一种优惠待遇，中国是发展中国家，当然也应该享有。但美国1974年国内贸易法规定，不允许共产党国家享受单边优惠，这是一种明显不合理的歧视态度。

在中美双边谈判中，当时双方都表现了较大的灵活性和积极达成协议的意愿，因而进展比较顺利。1988年12月第四轮非正式磋商时，双方都提出了议定书草案。

1989年5月24日到28日，中美第五轮非正式磋商在北京举行。当时北京社会秩序比较混乱，交通堵塞严重。因此，我们在这次谈判前，向美国提出两点建议：第一，推迟这次双边磋商；第二，到外地去谈，不在北京谈。美方都不同意，非要到北京来谈。这次会谈取得了实质性进展，美方承诺在给予中国无条件最惠国待遇问题上，将采取积极行动，由美国政府出面说服国会修改一年一审的规定，但同时也提出这个问题的解决要和中国接受特保条款挂钩。

1989年政治风波之后，中美双边谈判中断了四年。1993年3月，美国派代表团到北京进行第六轮非正式磋商。团长还是纽科克。他们知道我那时已在香港工作，专门绕道香港拜访我。我接待了他们，并做了工作，说明中国治理整顿取得了很大成效，改革开放正在加快推进。他们很高兴。不过,这次磋商毕竟是在中断四年以后进行的,双方主要是了解情况,相互摸底,没有什么实质性成果。

中国和欧共体的谈判,总体上进展也比较顺利。1987年6月,外经贸部副部长李岚清率团到布鲁塞尔,同欧共体进行了第一轮非正式磋商。当时,欧共体态度比较生硬:第一,对中国"复关",是不是叫恢复关贸总协定的缔约方地位,以后再解决;第二,发展中国家的定义不适合中国;第三,为对中国出口到欧共体的商品进行数量限制进行辩护。其实,不论是关贸总协定还是现在的WTO,都不允许搞数量限制。我们明确要求欧共体取消数量限制,将来在议定书中写清楚。第四,以中国经济体制不透明、尚未定型为借口,提出特保条款。和美国有所不同的是,欧共体同意和我们谈关税减让问题。美国人不同意和我们先谈关税减让,准备到最后谈。1988年12月,欧共体代表团到中国访问,进行第二轮非正式磋商,态度发生了较大变化:第一,赞成中国"复关";第二,承认中国发展中国家的地位,但是要求中国随着经济的发展承担更多的义务;第三,承诺在五年之内取消进口中国商品的数量限制。但是,欧共体对特保条款一点也没有放松。1989年3月,我率领代表团到欧共体总部,进行第三轮非正式磋商,其他内容都相似,但有一点不同,欧共体把取消对进口中国商品的数量限制和中国接受特保条款挂钩。

我们在同美国、欧共体进行双边非正式磋商的同时,也没有忽略同其他成员国和地区的磋商,特别是日本、加拿大、印度、泰国、澳大利亚、新西兰这些国家。有些是开始了双边关税减让谈判;有些是工作组会议期间进行非正式磋商;有些是相互派代表团进行非正式磋商,这一期间,我到泰国去过两次,到印度去过一次,他们的部长也到过中国和我们谈。但是这些国家都唯美国、欧共体马首是瞻,普遍是等待、观望的态度,取得的实质性进展很少。

1989年有望“复关”吗?

1989年四五月间,关贸总协定中国工作组完成对中国贸易制度的初步评估之后,社会上有一种乐观情绪,认为当年就有希望完成谈判,“复关”成功。这可能是受到了国外某些报道的影响,美国人确实私下表示过希望在一年之内就完成谈判,欧共体代表团也讲过希望中国加入关贸总协定的事情1989年能够完成。但我们这些实际参与谈判工作的人从来没有这么想过,因为面临的障碍还很多,要谈的问题不少,且很复杂,要在一年内都解决可能性不大。

首先是体制上的障碍,当时我们的贸易和经济体制很多方面确实和关贸总协定的要求还有很大距离。当时我们改革实际上是在向社会主义市场经济体制方向走,市场经济的因素不断增多,但市场经济尚不发达,甚至还不敢提市场经济(当时只提商品经济),同时在贸易非歧视原则方面、对外贸易制度公开透明方面、税率统一方面,也有很多不符合关贸总协定要求的内容。

第二个障碍是很多概念解释不清楚。尤其是为了解释中国经济体制的性质,我们很费脑筋。从1986年到1990年,我们经济体制的名称几乎每年都有变化,比如:1986年是社会主义有计划的商品经济,1987年是计划和市场有机结合的机制,1988年是社会主义有计划的商品经济,1989年是计划经济与市场调节有机结合的社会主义商品经济,1990年是计划经济与市场调节相结合的体制。为了能根据国家最新确定的体制名称对外介绍,我们一般选在4月出去磋商,因为3月份全国人大开会,政府工作报告会有一个最新的准确的表述。但是中外语言的差别,又带来新的问题,如我们讲中国是有计划的商品经济,但是商品经济经官方翻译成的英文,在关贸总协定中又有特定含义,指的是初级产品经济,中国怎么可能是这种经济啊!外国人搞不懂。我们讲计划调节和市场调节有机结合,外国人说,你们一会儿市场调节,一会儿计划调节,这种经济体制很不稳定,加入以后很难遵守关贸总协定的规则。没有办法。为了让大家听得懂,我们只好在私下解释,中国的体制就是有计划的市场经济。外国人一下子就明白了。但这不能在正式场合讲,更不能留下文字,因为当时还有不少人反对用市场经济一词。记得有一次国务院开会,张劲夫同志主持。我当时刚从日内瓦回来,代表外经贸部参加。我有感而发,提出"有计划的商品经济"对外解释有很多不方便,人家听不懂,我们是不是可以翻译成"有计划的市场经济"。结果马上有人站出来坚决反对,说这是原则性不同,商品经济怎么能等于市场经济呢?张劲夫同志也不好做决定了。一直到1992年小平同志南方谈话和党的十四大确定社会主义市场经济体制的改革目标以后,谈判第一阶段的核心问题才迎刃而解。1992年10月召开的关贸总协定中国工作组第11次会议,正式结束了对我国对外贸易制度长达6年的审议。

第三个障碍是对关贸规则认识的差异,有一些我们认为很好的政策,人家不这样看。1988年关贸总协定总干事邓克尔第二次访华时,我们专门派了一位处长陪同他到深圳、武汉等地参观。他到北京以后,我代表外经贸部正式和他见面。我很高兴地向他介绍中国的改革开放,特别把经济特区做了详细介绍。但他听了以后不以为然,说不管经济特区,还是其他什么特殊政策,在关贸总协定看来,中国是一个统一的关税区,要执行一个统一的外贸政策,进出口税率应该到处都一样。他这么一说,我们就不好解释了。后来我向国务院领导汇报此事,领导同志认为邓克尔说的有道理,我们是统一的国家,应有统一的外贸政策。关于边贸的优惠税率的问题,按关贸总协定的规则,也要说明它的合理性和必要性,而不能任意规定。

此外,在双边谈判方面,遗留下来的问题不少,有的非常复杂。比如美国、欧共体都提出特殊保障条款。我们为此邀请国内著名大学的法律专家多次座谈。大家认为,接受特保条款势在必行,但是在措辞上要写得非常周到、严密,不能被轻易引用。我记得当时设计的文字,花了很大的精力,非常严谨。关税减让谈判,当时和美国还没有开始谈,非常费工夫,不是一天两天就能完成的。

总之,认为1989年就能"复关"成功缺乏根据,是过分乐观了。

(选自《百年潮》
2010年第1期)

中国加入WTO从发起到承诺 /吴家煌

加入WTO的发起者之一

《中国海关》:海关与"复关"、加入WTO谈判的渊源起自哪里?

吴家煌(中国"复关"、加入WTO关税谈判组组长,关税谈判代表,时任海关总署关税司司长):海关是"复关"谈判发起的主要单位之一,由当年的外经贸部牵头,外交部、财政部、经贸委、海关总署,五个部委共同发起。

关贸总协定就是货物贸易,不包括服务贸易,主要是农产品、工业品的市场准入。市场准入包括两块:一个是关税的高低,一个是非关税措施、配额、许可证。海关是两个市场准入谈判主体当中的一个,这就决定了谈判之初海关的地位。

我有28年商务部的工作经验,在海关总署关税司副司长、统计司司长的职务上工作过，因此受命牵头市场准入谈判。

《中国海关》：那时候，海关在准备和参与谈判上是投入了很大力量的？

吴家煌：主要是关税司，具体就是国际关税处，该处的成立相当一部分职责就是搞加入WTO的关税谈判。当然，我们也不是单枪匹马去谈判，除了税率，还要看贸易数据。做方案也要依靠兄弟司，尤其是统计司给予我们全力支持。

任何一个产品，谈判的时候都要靠数据。不论国家，也不管几千种商品，要谈，第一就是过数字关。最初谈判权也是要靠数字说话的，贸易比例前三位的，或者这个商品对我国的贸易额不少于10%，才有资格拿到最初谈判权。

所以，谈判靠数据支撑，我们的数据来源便是海关统计司。

牵头市场准入谈判

《中国海关》：进入谈判后，海关牵头主谈的市场准入进展的情况如何？

吴家煌：整个谈判分成几个阶段。第一个阶段是“复关”谈判，首先答疑，就是中国外贸制度的问答。中国的对外贸易制度形成一个文件，递交过去，接受审查。外贸制度当中有一块就是关税制度，审来审去，觉得我们的关税制度有很多问题。

第一个问题当然是关税太高了，酒的关税150%，汽车是180%到230%，香烟是150%，再加增值税、特别消费税，综合税率大概到400%。当年发达国家的平均关税是6.3%，东欧转型国家是8.5%，发展中国家是21.9%，我们是42.3%，太高了。

第二个问题是关税制度，一是实施范围，二是各地区不统一，关税制度乱。西藏地区实施小税则，深圳、珠海、厦门、汕头等特区关税优惠，就是差别待遇。对方要求我们除了降低关税以外，要在中国统一实施，意思就是要取消特区的减免税，取消小税则。这在一定意义上是在限制海关的减免税权。

第三个问题是透明度。我们还

吴家煌

在执行一些进出口商不知道的关税政策，不公开、不透明的比透明的还要多。

第四个问题也涉及管理制度，就是原产地、海关估价。他们认为中国当年执行的估价制度带有武断、虚构的概念。比如汽车进口，价格虚报太多，海关对此毫无办法，就搞一个最低限价。最低限价就是一个虚构的价格，市场上没有，只是定了一个价格，不管谁低谁高。

《中国海关》：就这四个方面，我们是如何应对的？

吴家煌：对于这四个方面，我们做全力准备。有些不体现在谈判上，比如高关税，实际上从20世纪90年代开始就大幅度降低，从42.3%自主降税降到16.4%；关税制度的统一，用5年时间，把特区的减免税过渡掉；我们也大幅度清理了一次减免税政策，取消数量超过50%。谈判本身也推动关税业务的改革。

《中国海关》：当时，我们海关自身的政策制度、措施、业务能力、执行能力等方面的基础如何？

吴家煌：就发展中国家而言，中国的关税制度除了税率高以外，其他是比较健全的。由于历史的原因，中国海关从开始便是全面引进英美的一套关税制度。如果抛开清末历史中的丧权辱国，这个制度是世界性的。所以，在旧海关遗留下的制度基础上建立起的中国海关制度，和当年西方的关税制度还是相通的。因此，在制度本身，海关的能力是不低的。

作为一个申请加入WTO的贸易大国，和当年其他二三十个也在申请的发展中国家比较，中国的关税制度是好的。当然，按WTO要求还是有差距的，就体现在刚才所说的四个差距上。

《中国海关》：我们牵头主谈的团队是如何准备的，与其他部委是如何协调的？

吴家煌：国务院从开始就成立了一个部际协调委员会，由一位副总理专门协调。这就使得商务部牵头的涉及众多重要部门的复杂谈判有了一个内阁级的协调机构。

关税谈判的协调机构是国务院税则委员会，所有的重大问题都由税则委员会通过。没有国务院税则委员会，没有副总理级牵头的部际协调小组，加入WTO谈判是不可想象的。

那时候，上至主管副署长下至科员，我们缺少关税谈判的丰富经验，而且大范围地和30多个国家轮番谈判，6000个左右的商品，确实难度很大。好在WTO秘书处有专门为发展中国家服务的机构，有问题可以不断去请教。谈判的国家也觉得中国加入WTO是好事，给了我们很多帮助。比如澳大利亚政府专门拨款帮助我们培训，其中就有海关的内容，参与谈判的几位关员分批去学习过。

最艰苦的谈判过程

《中国海关》：您正式参与谈判的时候，谈判本身进展到什么程度？

吴家煌：中国1986年7月申请“复关”，由于多种复杂原因的影响，在乌拉圭回合随大流减税1/3的希望没有达成，到90年代初又恢复谈判，气氛要严肃很多，美国、欧盟等对中国的友善态度不复存在。1993年，我们主动提出了一份把关税降低1/3的工业品和农产品的减让表，邀请各国谈判。工业品我们承诺40%上限约束，5年后降到35%；低税产品设了15%的上限约束；农产品是10年内降到20%。新西兰首先给我们递了索要单，但是美国不以为然，没有动作。欧盟翻倍索要，将此前35%的上限约束改为15%—20%。日本提出了一份涵盖4000多个税号产品的索要单，要价很高。加拿大、澳大利亚、乌拉圭、土耳其、捷克等国家也参加了谈判。

这是重启谈判的开端，进展缓慢。到1994年的“复关冲刺”又是一次高潮。8月份，代表团向工作组递交了一份大幅度改进的农产品、非农产品和服务贸易的减让单，作为复关的一揽子解决方案。其中，农产品关税由46.1%降为21.9%，降幅52.5%；非农产品由42%减为15.3%，降幅61.9%；全部关税由42%降低到17%，降幅61%，是乌拉圭回合关税减让的2倍。1994年9月我被任命为市场准入代表团团长，在日内瓦50余天，与30多个国家举行多轮谈判。部分国家接受了我们的出价，但GATT的最大玩家美国有意阻挠，影响了一批国家。冲刺谈判又一次失败。尽管如此，这次减让为日后加入WTO谈判打下了良好的基础。

《中国海关》：1995年1月世界贸易组织正式成立，“复关”也转为加入WTO。1996年重启谈判，此后又进入实质性的谈判期，美国依旧是中国加入WTO谈判主要的攻克对象？

吴家煌：对，这次美国要价更狠，要求全部产品的平均关税降到7%—8%，即OECD水平的一倍。其中工业品7%，重点农产品10%，关税高峰不超过15%。1997年，江泽民访美，与克林顿会谈，克林顿表示美方支持中国早日加入WTO，中美的双边谈判才取得进展。新西兰、韩国、东欧的一些国家率先结束和中国的关税谈判。1997年年底，时任外经贸部部长吴仪在亚太经合组织会议期间会见美国贸易谈判代表巴舍夫斯基，回应美方的关切点，形成了减让协议的基本框架。

1998年，中美朝着两年结束双边谈判的目标前进。我作为关税谈判组组长与美国助理谈判代表卡西迪多次交锋。美方在吴仪部长建议的框架下又提出化工产品协调关税问题、亚太经合组织零关税部门，以及汽车关税等问题。磋商中，双方各有让步，基本达成协议。

1999年4月，朱镕基总理访美，就市场准入问题与克林顿举行谈判。中方在农产品、电讯等问题上作出了重大让步，原本可以达成协议，但是克林顿受到某种势力的影响，双方只发表了声明，代替签订协议。在朱镕基访问加拿大的途中，克林顿反悔，希望继续谈，美方谈判代表追随中国代表团到北京。5月美国军机轰炸中国驻南斯拉夫大使馆，谈判中止。

1999年9月，中美表示要接着谈。11月美国派出谈判代表巴舍夫斯基和经济委员会主席到北京与外经贸部部长石广生、副部长龙永图谈判。11月15日，朱镕基总理亲自到会谈地点，解决了最后的最困难的谈判问题。中国加入WTO谈判最重要的双边市场准入协议终于达成。当天，我刚好到外经贸部办事，被邀请参加了中美协议的签字仪式。

《中国海关》：加入WTO后，中国在关税减让方面履行得如何?

吴家煌：在关税减让方面，在关税制度的统一性、透明度方面，还有海关估价方面，中国海关对加入WTO承诺的兑现都很好。

中国加入WTO所承诺的义务与中国改革开放的方向是一致的，加入WTO的关税义务也与关税制度的改革方向是一致的，从这一点看，中国关税减让义务的执行是顺利的，也是平稳的。中国加入WTO10年中，没有发生产业部门因为关税降低而遭受严重损害的案例。WTO成员国对中国兑现关税减让也都表示同意。

（选自《中国海关》2012年第3期）

WTO九大基本原则

无歧视待遇原则

即无差别待遇原则。指一缔约方在实施某种限制或禁止措施时，不得对其他缔约方实施歧视性待遇。任何一方不得给予另一方特别的贸易优惠或加以歧视。

该原则涉及关税削减、非关税壁垒的消除、进口配额限制、许可证颁发、输出入手续、原产地标记、国内税负、出口补贴、与贸易有关的投资措施等领域。

最惠国待遇原则

指WTO成员一方给予任何第三方的优惠和豁免，将自动地给予其他各成员方。

该原则涉及一切与进出口有关的关税削减，与进出口有关的规则和程序、国内税费及征收办法、数量限制、销售、储运、知识产权保护等领域。

国民待遇原则

指缔约方之间相互保证给予另一方的自然人、法人和商船在本国境内享有与本国自然人、法人和商船同等的待遇。

该原则适用于与贸易有关的关税减让、国内税费征收、营销活动、政府采购、投资措施、知识产权保护、出入境以及公民法律地位等领域。

透明度原则

指缔约方有效实施的关于影响进出口货物的销售、分配、运输、保险、仓储、检验、展览、加工、混合或使用的法令、条例，与一般援引的司法判决及行政决定，以及一缔约方政府或政府机构与另一缔约方政府或政府机构之间缔结的影响国际贸易政策的现行规定，必须迅速公布。

该原则适用于各成员方之间的货物贸易、技术贸易、服务贸易，与贸易有关的投资措施，知识产权保护，以及法律规范和贸易投资政策的公布程度等领域。

贸易自由化原则

指通过限制和取消一切妨碍和阻止国际贸易开展与进行的所有障碍，包括法律、法规、政策和措施等，促进贸易的自由发展。

该原则主要是通过关税减让、取消非关税壁垒来实现的。

市场准入原则

指一国允许外国的货物、劳务与资本参与国内市场的程度。

该原则在WTO现在达成的有关协议中，主要涉及关税减让、纺织品和服装、农产品贸易、热带产品和自然资源产品、服务贸易以及非关税壁垒的消除等领域。

互惠原则

指两国互相给予对方以贸易上的优惠待遇。

该原则的适用随着关贸总协定的历次谈判及其向WTO的演变而逐步扩大，现已涉及纺织品和服装、热带产品、自然资源产品、农产品、服务贸易以及知识产权保护等领域。

对发展中国家和最不发达国家优惠待遇原则

指如果发展中国家在实施WTO协议时需要一定的时间和物质准备，可享受一定期限的过渡期优惠待遇。

这是关贸总协定和WTO考虑到发展中国家经济发展水平和经济利益而给予的差别和更加优惠

的待遇，是对WTO无差别待遇原则的一种例外。

公正、平等处理贸易争端原则

指在调解争端时，要以成员方之间在地位对等基础上的协议为前提。调解人通常由总干事来担任。

普遍适用。

我与关贸总协定的一段经历 /刘显铭

20世纪80年代，我曾参加了关税及贸易总协定举办的训练班，并于1984年至1987年作为我国常驻日内瓦代表团主管总协定事务的参赞，亲自践行了我国与关贸总协定的最初接触，经历了申请我国恢复关贸总协定席位谈判初期的艰辛历程。下面，根据我的记忆和有关材料，将这段经历追记如下。

一

关税与贸易总协定（General Agreement on Tariffs and Trade，GATT），简称关贸总协定或总协定，签订于1947年10月30日，1948年正式生效。关贸总协定成立之初，只是一个调整和规范缔约国之间关税水平和贸易关系的临时性多边协议，后来由于加入的国家越来越多，并连续举行了多轮全球性的贸易谈判，于是成为各缔约国在贸易政策方面制定共同遵守的原则与规则、促进国际自由贸易的唯一的多边贸易协定，并且成为与

坐落在瑞士日内瓦的关贸总协定大楼

联合国有着密切关系的国际机构。它与国际货币基金组织和世界银行一起，构成了当今世界经济体系的三大支柱。

我国是关贸总协定最初的23个缔约国之一。1947年4月至10月，当时的国民党政府代表我国参加了世界贸易和就业会议第二次筹备委员会会议，与美国、英国、法国、荷兰、比利时、卢森堡等18个国家进行了关税减让谈判，达成了关税减让双边协议，并参与拟定了关贸总协定条款的工作。10月30日，包括我国在内的23个国家在日内瓦签署了关贸总协定，还签署了附有123个双边关税减让协议的最后议定书。1948年1月1日，关贸总协定开始临时生效。3月，国民党政府代表我国，在哈瓦那又签署了联合国世界贸易与就业会议最后文件，从而成为国际贸易组织临时委员会执行委员会成员之一。4月21日，按照《临时适用议定书》第3条和第4条第2款的规定，国民党政府代表我国作为最后文件签字国之一，签署了该议定书。5月21日，我国成为关贸总协定创始缔约方之一。1950年3月，关贸总协定生效后不久，台湾当局宣布退出了总协定。1965年台湾又以观察员的身份回到关贸总协定。

新中国自1949年10月成立后，至1971年恢复在联合国的席位以前，与关贸总协定几乎完全没有接触。当时，我国实行纯计划经济体制，对外贸易由国家控制，与提倡市场经济和自由贸易的关贸总协定“水火不容”，而且认定它是由美国操纵下的富人俱乐部，这是我国与关贸总协定保持距离的原因之一。1971年我国恢复联合国席位后，在各国际组织中驱蒋问题还是重中之重。世界银行和国际货币基金组织都有驱蒋问题，我国对这两个经济组织开展工作也比较早。但关贸总协定则根据联合国大会决议，立即停止了台湾的观察员身份。当时就总协定而言，我们政治上没有驱蒋的压力，经济上也没有需要的紧迫感，所以将发展与关贸总协定的关系又搁置了十几年。

1972年9月，我从国家外贸部抽调到我国驻日内瓦代表团负责经贸方面的工作，主要是贸发会议的工作。当时我们认为关贸总协定是资本主义的，与我国的经济体制完全不同，采取了基本上不接触的立场。但我在日内瓦的时候，由于关贸总协定的机构也在那里，于工作之便也经常非正式地接触它。1973年我还向国内写过工作报告分析加入它的利弊。1976年，我回到了国内。

1978年党的十一届三中全会以后，我国开始实行改革开放政策，发展国际经济贸易关系提到重要日程上来，这就促使我国开始重新全面地认识关贸总协定。

1980年8月，我受外贸部的委派，参加了由联合国赞助、关贸总协定举办的发展中国家主管国际贸易的高级官员的讲习班。对此西方一些媒体作出了推测。就在我出现在讲习班的当天，合众国际社日内瓦的一份电稿中写道：“一些西方官员今天说，中国可能在准备谋求加入世界上最重要的贸易机构——关税贸易总协定。表明北京要采取这种行动的一个迹象是在参加今天在日内瓦开学的法语训练班的21个人中，有一个是中国外贸部的一位副处长刘善明（音译）。一位西方官员说，苏联与东德从未表示有兴趣参加关税及贸易总协定，而中国人‘一些时候以来一直在做出友好的表示’。”文中所说的那位中国官员刘善明，就是我。这可以说是我国政府与关贸总协定直接正式接触的开始。1981年2月，我回国后，写了一篇工作汇报《我所知道的GATT》。此后，我国加快了与关贸总协定的来往。1981年7月，我国以观察员的身份参加了关贸总协定支持的多边纤维协定的后续谈判。9月，我国为取得在关贸总协定中的观察员地位向关贸总协定提出了申请，并于11月获得了这个身份。12月31日，国务院批准了我国申请参加关贸总协定的报告。也是在这年，我国的外贸部和外经部合并。新组建的外经贸部专门设立了一个新部门——关贸总协定处。从此发展与总协定关系的工作全面展开。

但是真正促使我国政府下决心与关贸总协定建立官方关系是因为我国与英国关于收复香港主权谈判过程中出现的问题。1983年中英开始就香港问题进行谈判，我代表外经贸部参加了最初的谈判准备工作，负责重点研究如何处理香港回归后的对外经济贸易关系，特别是同关贸总协定的关系。香港当时作为英国的属地，是欧共体的成员，在关贸总协定英国代表团里有香港代表，香港作为自由港与大多数关贸总协定成员的贸易关系紧密。香港从关贸总协定中受益很大。因此，当时我们得出结论：香港回归之后与关贸总协定的关系肯定要保留。依此类推，以后的澳门、台湾也都要涉及这个问题。这就出现了一个令人尴尬的问题：可能在关贸总协定中能看到中国香港、中国澳门、中国台北的牌子，却没有中国的牌子。这个问题使外交部和中央领导同志觉得有必要解决我国与关贸总协定的关系。到1986年，经过谈判，我国和关贸总协定达成协议：香港在关贸总协定中改称“中国香港”，双方出具声明，确定香港在未来关贸总协定的地位，并于5月22日在总协定理事会会议上，理事会主席声明香港于4月23日正式成为缔约方。同时我国的经济体制改革也出现了可喜的变化，计划经济开始松动，1986年时的提法已经是有计划的商品经济，这样我国提出申请“复关”也就有了基础条件。

二

1984年7月初国务院任命我为我国常驻联合国日内瓦办事处和在瑞士的其他国际组织代表处参赞，专门负责关贸总协定的工作。我到日内瓦以后，根据国内的指示，在代表团内正式建立了关贸组。我是这个小组的负责人。当时关贸组的工作任务是：观察关贸总协定理事会下的各种会议，开展对各方达成的协议的调查研究，同时和关贸总协定秘书处保持联系，衡量参加总协定的利弊。工作对象与范围是：关贸总协定、多边纤维协议和国际纺织服装局。我到日内瓦后，我们关贸组主要进行了以下工作：

1.同关贸总协定秘书处和各国常驻关贸总协定代表团建立了比较广泛的工作联系；取得了参加关贸总协定绝大部分会议的资格并代表国家出席了有关会议。

2.在比较早的阶段，取得了发展中国家非正式磋商会议成员的资格，参加了发展中国家在关贸总协定内的集团活动。

3.经过多方努力，在我国恢复关贸总协定席位之前，争取到充分参加新一轮多边贸易谈判的权利。参加这类多边贸易谈判，实际上意味着在拟订调整国际经济贸易关系的原则、规则、规章和制度的过程中，享有发言和决策的权利。

4.我国恢复关贸总协定的工作，已经按部就班地推向前进。从1986年7月提出恢复申请，1987年3月成立了工作组专门处理中国的恢复申请，10月23日举行了首次工作组会议，已经确定下此后的工作日程。关贸组进行的广泛铺路以及准备和配合工作已经初步见效。

5.纺织品方面也是关贸组的重点之一。我们配合国内在纺织品协议的谈判、解决中美双方的纺织品纠纷和成立国际纺织品服装局等方面进行了大量的工作，取得了一定的成绩。

现在回过头来看，在以上众多工作中，我觉得最具意义的是1986

年7月10日，我陪同我国驻日内瓦代表团大使钱嘉东向关贸总协定递交了要求恢复我国关贸总协定创始缔约方地位的申请。

当时，我国向关贸总协定提出申请，主要有三个方面的考虑：第一，1971年我国恢复了在联合国的合法地位，以后又先后在世界银行和国际货币基金组织取得合法的席位。在这种情况下，世界三个主要的经济组织，只有关贸总协定我们还没有恢复；第二，党的十一届三中全会提出了改革开放政策，加快发展国民经济，也必然要求更加紧密地同国际经济联系和合作，也就是后来我们讲的同国际经济接轨；第三，更重要的是在党的十一届三中全会以后，我们恢复了解放思想、实事求是的优良传统。另外，我们当时经过仔细的调查研究，从两方面对关贸总协定有了一些比较新的认识。第一个就是关贸总协定是规范世界贸易的一个组织；第二个是关贸总协定的成员方当时的贸易总量占世界贸易总量的85%，同时我国与关贸总协定成员方的贸易量又占我国整个进出口贸易量的85%，这两个85%表明关贸总协定是相当重要的。我国不管参加也好，不参加也好，它的各种规则对我们都有直接、间接的约束力，所以，我们认为，恢复我国在关贸总协定的缔约国的地位无论是经济上还是政治上对我国都是十分重要的。

当时，我国参加关贸总协定也面临着三个问题：一是要求恢复我国关贸总协定缔约方地位还是重新加入？这着实让我们费了一番脑筋——如果“复关”，我们就可能从1950年台湾退出关贸总协定之日起交纳关贸总协定的会费，而重新加入，则可免交几十年的会费。但后来发现因我国没有参加多少国际贸易，可免交这些年的会费。这样我们认为我国作为关贸总协定创始缔约国的名誉还是要保留。经过长久的考虑后，我们决定采取同恢复我国在联合国席位一样的做法——“复关”。二是究竟以什么身份加入，是以发达国家身份还是发展中国家身份？这涉及加入后我国的权利与义务的平衡问题，最后我国决定还是以发展中国家身份申请“复关”。三是在申请书中我国的经济体制应该如何提？是计划经济还是市场经济？国营经济和计划经济的提法对我国“复关”申请付出的代价肯定高。经过国内的讨论，最后决定以实行有计划的商品经济的提法中的“复关”。

当时，除了这些“复关”原则都是国内定下来的外，我国“复关”的申请照会文本是由我们驻日内瓦代表团和国内一起敲定的。这个总共只有340多个英文单词的照会，费尽了国内有关部门和我们代表团的心血，来往的电文叠起来有厚厚的一沓。“尊敬的邓克尔先生：我荣幸地通知阁下，中华人民共和国政府以及中国是关税与贸易总协定创始会员国之一的事实，现决定申请恢复它在总协定的缔约方地位……”委婉的外交辞令传达了一个坚定的原则：是恢复而不是重新加入。“……当前中国正在实行对外开放，对内搞活的经济政策，并将继续坚持这一基本国策。”这便是我国提出“复关”申请的前提。紧接在这段后面的话传达了我国“复关”的另一个原则：“中国是一个发展中国家，中国政府期望得到与其他发展中国家相同的待遇。”原则是不能违背的。而在外交上，每一个词的运用也至关重要，因此申请文本的措辞也经过了多次认真的讨论。比如“恢复”这个词译成英文，最初用的是“restore”，意思是“原封不动的恢复”。后来考虑到有些基本的权利和义务需要重新谈判，最后用了“resumption”。这个英文字的词义是“重新继续原来的某些东西”。

我国“复关”的申请照会文本也经过了和关贸总协定秘书处和驻关贸总协定的法律顾问们的磋商。关贸总协定对于申请的要求，无论是法律上的还是程序上的，都是申请国所要遵循的。在确认了恢复我国缔约方地位的合法性之后，秘书处提出申请中要加上“中国愿同缔约方进行谈判”这一条。“这样可以减少缔约方的疑虑，也会减少某些不必要的麻烦，加快中国进

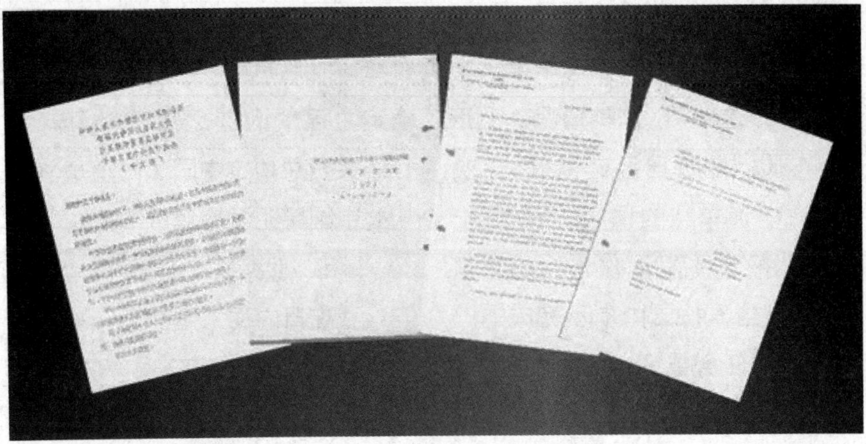

1986年7月10日，中国常驻日内瓦联合国机构及其他国际组织代表团大使钱嘉东向关贸总协定总干事阿瑟·邓克尔递交的中国申请恢复关贸总协定缔约方地位的照会

入关贸总协定的步伐。"关贸总协定还有一个规则：申请加入的国家，在递交申请时需同时递交本国的经济和外贸制度备忘录。但如果这样，我国就将不可能在7月初递上"复关"的申请。关贸总协定秘书处和我国代表团又做了一个私下的安排：我国在申请中先做一个对这个问题的承诺，有关工作细节再逐步启动。于是在这个申请照会上，增加了这样一段文字："中国准备就恢复其缔约方地位同关贸总协定缔约方进行谈判。为此目的，中国将提供其经济和对外贸易制度方面的情况。"

至于为什么选定7月10日这个日子，其实并没有什么特别的意义。这也是事先和关贸总协定秘书处协商的结果。这个日子刚好在关贸总协定7月的理事会之前，关贸总协定秘书处能在这个会上把中国的申请分发给大家。理事会差不多每月开1次，一年开10次。8月，联合国代表团集体休假。在9月的理事会开始磋商乌拉圭回合细节时，审议我国"复关"的工作也可以同时启动了。

在各方面准备工作完成后，就只剩下递交申请书了。经同关贸总协定方面联系，关贸总协定总干事邓克尔先生因日程已另有安排，将不能亲自接待，委托副总干事马突先生来做这件事。这种情况也很正常，实质问题都已经磋商好，递交就成了一道单纯的程序。所以我们当时没把这件事看作一个历史事件，只是当作按国内指示完成的一个普通的任务罢了。

递交申请书之后，我国就开始了谈判的准备工作，首要的前期工作就是和关贸总协定协商工作组主席的人选。按照关贸总协定的规定，主席的任命必须为关贸总协定成员和申请国家两方面所接受，选择一个发展中国家的人不行，完全倒向西方国家的人我们也接受不了，经过协商，最终确定主席的人选为当时瑞士驻日内瓦大使吉拉德。当时我们的考虑是：瑞士对我国比较友好，时任关贸总协定总干事的邓克尔为瑞士人；另外关贸总协定规定，主席的任职直到谈判结束，而“复关”过程可能比较漫长，选择一个瑞士人可以使得即使他在离职以后也可以随时参加谈判。确定主席的人选之后，1987年3月4日，关贸总协定中国工作组成立。从此中国踏上了15年的“复关”、加入WTO谈判之路。

我在日内瓦工作的三年期间，经历的主要事件有三：一是1986年4月按单独关税地区模式解决了香港地区在总协定中的地位；二是1986年7月提出复关申请；三是于1986年9月作为中国代表团成员出席了新一轮多边贸易谈判——乌拉圭回合启动大会。

1987年11月，由于工作需要，我回到国内，不再具体参与我国的“复关”谈判工作。但我还是时时刻刻地关注着我国的“复关”进程。

（摘自《红色往事——党史人物忆党史》第3册，济南出版社2012年版）

加入WTO是中国对外开放的里程碑 /隆国强

加入世界贸易组织，是中国现代化进程中一个历史性的事件，里程碑式的重大事件。从明朝闭关锁国以后慢慢走向开放，经历了非常坎坷的过程，从洋务运动开始，我们经过了很多波折。从20世纪70年代末中共中央决定确定对外开放的基本国策，中国对外开放不断深化，到加入世界贸易组织，应该说是我们对外开放过程中一个重大的里程碑的事件。这个事件对中国现代化进程产生了多方面的影响，要梳理它的成绩、经验与不足，不是一件非常容易的事情。

加入WTO以后我们取得的主要的成绩

第一，加入世贸组织，大大地改善了中国的投资环境，中国的开放，是渐进式的过程。在投资者的眼里，政策的稳定性和可预见性一直是影响投资者信心的一个非常重要的因素。加入世界贸易组织以后，我们做了非常广泛的承诺，通过国内法律法规的修订把这些承诺变成对外开放的一些基本政策。加入世界贸易组织，一方面大大地拓展了外资准入的范围和程度，更重要的是增加了我们投资环境的稳定性和可预见性，也就增加了投资者对中国的信心。从实际数据可以看到，加入世贸组织以后来华投资不管是从数量上还是从质量上，都有了重大的改进。

第二，加入世贸组织以后，增

中国加入WTO十多年来，既改变了自己，也影响了世界。图为一对外国年轻人在中国的服装市场内选购衣服

强了中国产业的国际竞争力。加入世贸组织以后的十年是我们产业竞争力增强最快的十年，也是对外贸易增长最快的十年。十年以后中国跃居成第一大出口国、第二大进口国，恐怕是加入世贸组织的时候根本没有想到的事情。

第三，更加关键的是，加入世界贸易组织，引进了国际规则，有力地推进了社会主义市场经济的完善。我们从1992年开始把建立市场经济体制作为我们改革的目标。有中国特色的社会主义市场经济体制是什么？有很多不同的理解，有些人可能强调中国特色多一点。市场经济本身应该说还有很多规律，有共同性。加入世界贸易组织，我想更多的是引进了一些国际惯例，市场经济共同的东西。比如说知识产权的保护，比如说对市场竞争的重视。加入世界贸易组织从谈判开始，逐渐地深化了我们对市场经济的理解。加入世界贸易组织以后，很多世贸组织的规则通过国内法律的修订成为了我们市场经济的一些基本的政策。加入世界贸易组织以后，大大健全了知识产权保护的法律，这对于我们未来几十年甚至数百年的发展都非常重要。到今天大家再回顾的时候，有个共识，怎么能够更好地发挥以开放促改革的作用，也就是说过去30年里开放确实对推进改革起到了非常重要的作用。开放本身也是一种改革，恰恰是开放经济领域的改革，又促进了国内部门的改革，由此带来的对市场经济体制的完善，这可能是让中国人、中国经济发展未来数十年、上百年受益的。

第四，通过加入世界贸易组织的谈判和最终加入，大大地树立了中国人的国际规则意识，使得中国人特别是使我们的社会精英开阔了视野。加入世界贸易组织以后的十年巨大发展，总体来说是非常成功的，这也进一步坚定了中国对外开放的方向，增强了中国通过进一步融入世界来实现和平发展的信心。

第五，加入世界贸易组织，培养了一大批国际化人才。加入世界贸易组织谈判进程中以及后来为了兑现承诺，时刻关注加入世贸组织以后对外经济领域的变化，我们有大批的人士参与了对外经济的研究，也建立了很多所谓WTO研究中心。现在开设对外贸易、对外经济专业的大学估计上百所。以前大家说外贸，就北京外贸学院、上海外贸学院有限的几个学校，现在变成普通高校常见的一个专业，当然也是因为社会的需求在增加。

可能还能列出很多很多的成绩，在这些成绩中，我个人判断最重要的是国际开放观念的加强和完善市场经济体制，这个影响是最深远的。

加入WTO十年来，主要的经验和不足

在加入世贸过程中，我们确实有很多经验值得总结。我记得加入世贸组织过渡期我们曾经做过年度评估，也做过中期的评估。当时评估的重点是——会不会出问题。当然成绩要肯定，从出发点来说是担心出问题。我个人判断，在评估的过程中确实还没有真正地认真总结经验和教训。经过十年，我们再认真梳理总结加入世界贸易组织带给我们的经验和教训对于指导未来的发展具有重要的意义。

第一点，很重要的经验是通过加入世贸这件事，使得中国把融入世界作为和平战略发展的战略选择。

第二点，把加入世贸的谈判过程作为形成共识的过程。统一思想

非常重要，谈判过程中有高层政治决策，但是这还是不够的。社会精英、全民的共识是使得我们能够最终签署协议并且能够认真地兑现协议，并且把加入世界贸易组织作为中国开放的一个新起点。

第三点，把加入世贸组织谈判过程作为提升产业竞争力的过程，比较好地避免了开放带来的冲击。从1985年决定恢复“复关”谈判到2001年加入世界贸易组织经历了16年，朱镕基总理说黑发人谈成白发人，这个过程本身漫长。漫长本身我们并没有浪费。在这个过程中全世界没有一个国家像中国这样在大张旗鼓地宣传“复关”、加入WTO。一方面在形成共识，另外一方面我们也在讲“狼来了”。“狼来了”的过程，实际上就是在加入WTO的压力还没有来的时候先在思想上、行动上提前做了准备，把谈判的过程演变成提高竞争力的过程。降税过程很平稳，没有对国内主要产业带来明显的严重冲击。在其他国家很多人认为加入世界贸易组织是社会精英的事。而在中国，则变成全民上下的大事。中国老百姓，可能远到山村里面的老头老太太都知道WTO，确实是很罕见的一件事。我们回过头想这种罕见，还是有很大正面意义的。

第四点，把开放的压力作为国内改革的重要动力。改革也不是加入世贸组织以后才真正开始，实际上在整个谈判过程中，我们就逐渐地在引入关贸总协定规则所要求的一系列市场经济的制度，渐进推进了我们的改革。

第五点，非常重要的经验是政治决策在推动开放方面十分重要。

第六点，中国认真地履行承诺，有利于树立负责任大国的地位。观察一下新成员，像中国这样高度重视对WTO的承诺并且非常严格认真地履行承诺的新成员，中国可以说是优等生，是最好的。中国人一向信守承诺，对树立和平崛起、负责任大国的形象非常有帮助，过去十年我们做得非常好，有积极意义。

不足也有。

第一，回顾谈判的进程，怎么

能够更加准确地判断中国产业的竞争力，特别是潜在的竞争力，这是很值得我们在未来的开放进程中高度重视的。我们当时一直很担心汽车、农业，而且为了保护汽车、保护农业我们在其他领域做了很多让步。没想到加入世贸组织以后农业没受冲击。有偶然因素，比如加入世贸组织第二年正好全球干旱，粮食涨价。后面恐怕不仅仅是偶然因素，其实可能还有怎么判断中国农业竞争力的问题。汽车更是如此。实际上中国是出口导向和进口替代相结合的战略，被我们认为是国家支柱的资本技术密集产业很典型的就是汽车，还有石化、钢铁。这些产业实行的是进口替代战略，因为我们把它看得很重，看成国家未来发展的支柱，所以给予高度保护，甚至是过度的保护。在这个过程中，我们在评估这些战略性产业竞争力的时候，现在回过头来看是不准确的。很重要的一个教训就是怎么更好地判断当时被认为弱势产业的潜在竞争力。

……

第二，怎么更好地把握有利的谈判时机。加入世贸组织，从GATT复关到加入世贸我们有一些有利的时机，由于国内的变化，或者由于突发事件的影响，当然也有我们对自己竞争力认识不清楚导致的错失时机。

第三，在某些方面，前线谈判的后援支持是不足的。当时龙永图同志有个感慨：谈判时候美国谈判代表背后坐一大排，全是智库和行业协会的人，我一回头看只有我们代表团的人。中国有世界最大的智库，但是我们的智库怎么能够为我们的对外谈判提供切实有力的服务？从体制上、机制上、人才上、财力上很多方面我们都需要改进。……

第四，我们怎么能够加强对外谈判的协调组织。这也是我们可以总结经验的地方，包括部门间的协调、中央和地方的协调、政府和企业的协调。比如，中日韩，中国与东盟这些区域贸易安排的谈判，这些其实和多边谈判很类似，也是贸易投资自由化，有些领域比多边走得更远。我们体会到怎么加强部门间的协调、企业和政府的协调缺乏一些有效的机制。加入世界贸易组织的谈判可能创造了一些粗浅的国内协调机制，但是现在看来这些机制并不是十分有效的。中国未来作为一个经贸大国的话，现有的机制恐怕远远不能适应需要。我说的这些教训都是往前看，不是秋后算账，我们想做强国，这些机制非常缺乏。

第五，我们对世贸的一些条款怎么认识和评估。比如对市场经济地位问题的认识。市场经济地位到底对我们影响有多大，我们没有准确的说法，这个条款主要涉及我国企业在遭到倾销调查时如何确定成本；为了换取别人承认我们的市场经济地位，我们又付出了代价。

（摘自《中国经贸》2011年第5期）

中国加入WTO十周年十大新闻

中国成为全球第一大出口国、第二大进口国

2010年1月10日，海关总署宣布，在国际金融危机背景下，2009年中国进出口额仍比肩增长，成为全球第一大出口国、第二大进口国。加入WTO以来，我国货物贸易进出口规模从2001年的5098亿美元增长到2010年的近3万亿美元，其中出口增长近5倍、进口增长4.7倍。加入WTO后对外贸易的迅猛发展，有力支撑了中国国民经济增长，同时也给世界经济发展增添了动力，实现了中国与世界的“共赢”。

中国成为世界多边贸易体制核心成员

2008年7月，商务部部长陈德铭率中国代表团在日内瓦参加多哈回合的各种形式

谈判。这是中国加入世贸组织以来首次参与核心层谈判，标志着中国已经成为世界多边贸易体制核心成员之一。当年11月，中国领导人首次出席20国集团领导人金融和经济峰会。中国国力的不断增强，特别是在应对国际金融危机中的突出表现，使得中国在世界经济舞台上的核心作用进一步显现。

放开外贸经营权助推民营企业，开拓国际市场

2004年7月1日起，我国提前半年履行放开对外贸易经营权承诺，以登记备案制取代实行了50年的外贸权审批制。放开对外贸易经营权极大激发了各类企业特别是民营企业开拓国际市场的热情，为我国外贸出口的大幅度增长和民营经济的快速发展增添了新的动力。

履行关税和非关税承诺，企业国民受益

2005年1月1日，按照加入WTO承诺，我国全面取消了不符合世贸规则的进口配额和许可证等非关税措施，这标志着中国加入WTO过渡期基本结束。与此同时，中国按照加入WTO承诺，不断降低关税总水平，从1986年申请“复关”时的43.2%，逐步下降到2001年加入世贸组织时的15.3%，再到2011年的9.8%。中国全部关税税率约束在现行水平，不再升高，与发达国家相仿。中国按照承诺降低关税总水平，取消非关税措施，极大改善了对外贸易环境，有利于居民和企业降低生产生活成本，保护资源和环境。

建立符合世贸规则的市场经济法律体系

2004年4月6日，《中华人民共和国对外贸易法》由十届全国人大常委会第八次会议修订通过，7月1日起施行。这部对外贸易领域中的基本法律的修订，是中国履行加入WTO承诺全面清理有关法律法规的重要标志。10年来，中央政府共清理各种法律法规和部门规章2300多件，地方政府共清理地方

性政策和法规19万多件，逐步建立起符合世贸规则的贸易体制，社会主义市场经济法律体系进一步完善。

政府职能加快转变，世贸理念深入人心

2003年8月27日，《中华人民共和国行政许可法》由十届全国人大常委会第四次会议审议通过，自2004年7月1日起施行。这部法律对行政许可的设定范围、权限、程序以及行政许可的检查监督等作出了明确规定，是转变政府职能的一个里程碑。2006年元旦零时，中国政府网正式开通。我国根据世贸组织规则采取的一系列措施，结束了过去长达几十年执行内部红头文件的惯例，世贸组织倡导的“非歧视”、“透明度”、“公平竞争”、法制精神等原则理念日益深入人心。

内外资企业统一所得税税率结束“分制”时代

2007年3月16日，《中华人民共和国企业所得税法》由十届全国人大第五次会议表决通过，自2008年1月1日起施行，从而结束了中国长达20多年的内、外资企业税率差异化的做法。对内、外资企业实行统一的所得税税率，有利于各类企业在平等的基础上开展公平竞争，不仅可以使国内企业得到实惠，而且有利于提高利用外商投资质量，改善外商投资结构。

中国政府网

传统优势产业能量得以释放

2011年10月21日，世贸组织公布的数据显示，2010年中国纺织品出口额为770亿美元，占世界市场份额的30.7%；服装出口额为1300亿美元，占世界市场份额36.9%。中国是当之无愧的世界头号纺织品和服装出口大国。加入世贸组织10年来，中国的纺织品服装、家用电器和电子信息等比较优势产业潜能得以极大释放，不仅满足国内需求，而且使“中国制造”蜚声世界。

中国步入汽车社会，产销量升至全球第一

2011年1月10日，中国汽车工业协会宣布，2010年中国汽车产销量双双突破1800万辆，蝉联世界第一，创全球历史新高。2009年，中国首次超过美国成为全球汽车产销第一大国。从2001年中国汽车产量仅246.7万辆，到2010年产销分别为1826.47万辆和1806.19万辆，中国汽车产业的产销规模、自主品牌建设、对外贸易、产业结构调整等取得了世界汽车产业瞩目的成就。

运用争端解决机制捍卫经济权益渐成常态

2009年9月11日，美国总统奥巴马决定，对从中国进口的轮胎实施惩罚性关税。这一特保措施已于当年 9月26日正式生效。10年间，随着我国对外贸易规模迅猛发展，贸易摩擦也随之增加，运用争端解决机制，捍卫经济权益逐渐成为一种常态。自加入世贸组织以来，我国已累计遭受反倾销、反补贴、保障措施等国外贸易救济调查690余起，涉案金额约400亿美元，中国连续多年成为全球遭遇反倾销和反补贴最多的国家。反对保护主义，维护多边贸易制度成为长期的任务。

中国加入世界贸易组织的谈判历程 /张汉林

自1994年“复关”谈判受挫未果至1996年中期，在这期间虽然经过中国工作组主席多次倡议和邀请，中国代表团曾4次赴日内瓦与主要成员进行了非正式磋商，但谈判僵局一直未能打破，谈判始终围绕着几个难点问题进行周旋。1995年6月3日，中国成为世界贸易组织的观察员。7月11日，中国正式提出加入WTO的申请。11月28日，美方向中国递交了一份关于中国加入WTO的非正式文件，即所谓的“交通图”，罗列了对中国加入WTO的一些具体要求。在1996年2月12日华盛顿举行的中美第10轮双边磋商中，中国对美方的“交通图”逐条作了回应。1995年11月，应中国政府要求，中国“复关”谈判工作组更名为中国加入世界贸易组织工作组，并相继于1996年3月召开第一次加入世界贸易组织工作组会议，由“复关”转入加入WTO的谈判。在谈判中，中国坚持的基本原则有：

(1) 坚持以发展中国家身份加入世贸组织；

(2) 以乌拉圭回合谈判协议为基础，承担与中国经济发展水平相适应的义务；

(3) 坚持权利与义务平衡的原则。

由此，中国步入了加入世界贸易组织谈判的艰难旅程。

中美关系的改善与加入WTO谈判的转机

从1995年11月中国“复关”谈判转成加入WTO谈判，到1997年12月，是中国加入WTO出现转机的时期。这期间，国内经贸体制的改革与不断扩大对外开放大力推动了国内的经济发展，为加入WTO谈判创造了较好的国内环境，各主要国家元首及政府高级领导人均从战略高度将中国加入WTO当成是双边经贸，乃至双边关系的核心之一，加以高度重视，使中国加入WTO成为国际广泛关注的一大问题，1996年下半年开始，在中美关系大大改善、台湾加入WTO谈判取得进展、香港已顺利回归和世界区域集团化与一体化并举的形势下，美国政府通过高层官员陆续向中国透露美国最高层已决定调整美国对中国加入WTO的政策，并对负责中国加入WTO谈判班子进行了必要的调整，由对华比较了解的中间务实派全面负责中国加入WTO谈判。从而在具体的权利与义务方面推动加入WTO谈判，并取得了较大的进展，解决了许多难题。

从1996年2月到1997年3月，这是加入WTO谈判中双边及多边工作组会议的穿梭谈判阶段。1996年2月12日，中国代表团在华盛顿与美国代表团就中国加入WTO问题举行中美第10轮双边磋商。3月20日至22日，中国代表团赴日内瓦出席世贸组织中国工作组第一次正式会议，并在会前和会后与世贸组织成员进行双边磋商。会议期间，工作组主要研究了中国提交的文件。该报告详细说明了中国于1995年11月在大阪亚太经合组织会议上所作的声明。然而，由于中国的经济规模和实力超群，所以中国能否享受世贸组织协定有关发展中国家待遇条款这一关键问题仍未得到解决。6月20日至21日，中国代表团在布鲁塞尔与以阿博特为首的欧盟代表团就中国加入WTO举行第6轮双边磋商。双方就欧盟关于中国加入WTO7点要求交换了意见。9月16日至17日，接替道斯金成为美国负责中国加入WTO问题首席谈判代表的美国助理贸易代表李森智率美国代表团在北京与中国代表团就中国加入WTO问题进行了磋商。10月7日至9日，中国代表团赴华盛顿与美国代表团举行第12轮双边磋商。10月28日至11月13日，中国代表团在日内瓦出席世贸组织中国工作组第二次会议，并与世贸组织成员就中国加入WTO问题进行了双边磋商，在会上，工作组集中讨论了议定书草案的附件，内容涉及国有外贸企业、外贸经营权、逐步取消非关税措施、产业政策及补贴、关税配额、价格管制、出口税费、法定商检以及透明度等。虽然中国加入WTO谈判在许多领域均取得了良好进展，但在提交通知、逐步取消补贴和法定商检等方面仍需要进一步努力。1996年12月16日至1997年1月29日，加拿大、日本、欧盟、美国先后在北京与中国代表团就中国加入WTO问题进行双边磋商。1997年2月24日至3月11日，中国代表团在日内瓦出席了世贸组织中国工作组第三次会议，并与世贸组织成员就中国加入WTO问题进行了双边磋商。会议在有关司法审议、非歧视性原则及非关税措施等议定书条款草案文本方面取得重大进展。3月17日至20日，中国与欧盟就货物和服务贸易的市场准入在北京进行双边磋商。

1997年4月之后，以香港回归为契机，中国的加入WTO谈判呈现一派曙光。4月18日至22日，WTO总干事鲁杰罗应中国政府之邀来北京访问。4月24日至30日，中美就中国加入WTO问题在北京进行双边磋商。5月14日至15日，中国加入WTO代表团赴布鲁塞尔与欧盟进行了双边磋商。5月21日至23日中国代表团在日内瓦出席世贸组织中国工作组第四次会议，并与世界组织成员就中国加入WTO问题进行了双边磋商。这次会议最重大的进展是各方在有关司法审议和非歧视性原则的议定书条款上取得一致意见。在关于司法审议的问题上，中国在已被认可的议定书草案中确认，将修改本国的专利法和商标法，使所有有关法规能在其加入世贸组织时与该组织的规则和程序保持一致。在非歧视性原则方

香港回归祖国是彪炳中华民族史册的伟大业绩，也是20世纪末具有重大国际影响的历史事件

面，中国允诺将取消价格双轨制和区别对待内销与出口产品的做法。但同时指出，这些条款不应损害中国在服务贸易和与贸易有关的投资措施领域内的权利和义务。即中国在非歧视性原则方面的承诺将仅限于货物贸易。本次会议还在议定书草案的有关附件上取得了一些进展。这些附件的内容涉及受价格管制影响的货物与服务，以及国家垄断经营的产品。7月31日至8月1日，中国代表团在日内瓦出席世贸组织中国工作组第五次会议，并与世贸组织成员就中国加入WTO问题进行了双边磋商。在会议上，中国宣布了在进一步降低关税、逐渐取消非关税壁垒和取消农产品出口补贴等方面采取的步骤，并向工作组提交了中国加入WTO议定书附件草案的修改意见。这次会议在市场准入，尤其是在非关税措施和补贴方面，取得了进一步进展，在法定商检领域也取得进展。

在此基础上，1997年8月到12

月，中国与新西兰、韩国等诸多国家达成协议。8月6日，中国与新西兰在北京就中国加入WTO问题达成双边协议，意味着中国与WTO成员的市场准入谈判拿到了第一份满意的答卷。8月26日，时任中国加入WTO首席谈判代表龙永图与韩国外贸部部长郑泰林签署了关于中国加入WTO问题的双边协议。10月13日至24日，中国代表团在日内瓦与欧盟、澳大利亚、挪威、巴西、印度、墨西哥、智利等30个世贸组织成员进行了双边磋商；与匈牙利、捷克、斯洛伐克、巴基斯坦签署了结束中国加入WTO双边市场准入谈判协议，并与智利、哥伦比亚、阿根廷、印度等基本结束了中国加入WTO双边市场准入谈判。10月13日，中国与捷克达成双边协议。10月23日，中国与匈牙利的双边协议签署。10月24日，中国与巴基斯坦、新加坡、斯洛伐克的双边协议签署。12月8日，中国与土耳其的双边协议达成。

1997年10月26日至11月2日，中国国家主席江泽民应邀访美，在与克林顿总统发表的联合声明中，重申加快中国加入WTO谈判，争取尽早结束加入WTO谈判。江主席还宣布了中国参加信息技术协议（ITA）的意向，推动了加入WTO谈判。11月11日至16日，随同李鹏总理访日的龙永图与日本外务省副外相原口就中国加入WTO问题发表联合声明，重申中日双方已在服务业市场准入谈判方面取得重大进展，表明中日两国关于中国加入WTO双边市场准入谈判已基本结束。12月1日至12日，中国代表团在日内瓦出席了世贸组织中国工作组第六次会议，就议定书和工作组报告会的绝大部分内容达成谅解，期间还与美国、欧盟、日本、澳大利亚、巴西、墨西哥等国进行了双边磋商。

美国总统访华与多边贸易体制50年“大庆”下的中国加入WTO谈判

到1998年，中国加入WTO谈判已经成为大国间经贸及政治外交的重中之重。2月16日至8日，作为欧盟副主席的希里坦访问北京，时任外经贸部部长吴仪与希里坦就中国加入WTO谈判进行了会谈。针对欧盟提出的中国服务贸易开放的“8项原则”，吴仪部长强调，谈判的基本原则应当是世贸组织《服务贸易协定》，中国服务业市场开放只能根据自身发展水平循序渐进，这也是WTO逐步自由化的基本要求。同时，在本月欧盟委员会作出决定，将中国从欧盟反倾销政策中“非市场经济”国际名单上排除。3月10日至11日，美国贸易副代表费舍尔访问北京，与时任外经贸部副部长首席谈判代表龙永图举行了磋商。3月29日至30日，加拿大国际贸易部部长塞尔焦·马尔基及由他率领的加拿大企业家代表团访问中国，时任外经贸部部长的石广生与其就有关中国加入WTO问题谈判中中加双边谈判进程及加拿大对华15种商品进行反倾销等问题进行工作会谈。4月2日，朱镕基总理同欧盟轮值主席国英国首相布莱尔、欧盟委员会主席桑特在伦敦举行首次中国—欧盟领导人会谈，双方就经贸合作、“非市场经济”、中国加入WTO、金融领域等问题广泛讨论并发展联合声明。

1998年4月8日，WTO中国工作组第七次会议在日内瓦举行。会前，中国向秘书处提交了有关工业品关税减让的”一揽子“修正方案。该方案于1998年4月2日作为世贸组织中国工作组14号文件向各成员散发。中国新的”一揽子“降低关税的出价单涉及5669个税目的产品，如果加以实施，中国工业品的平均关税到2005年将降至10%。这份新的关税出价方案受到工作组成员的热烈欢迎。但美欧仍要求中国对世贸组织成员业已承诺实施零关税部门予以考虑，其中包括药品、信息技术和设备，并要求中国进一步削减汽车、纺织品、汽车零部件、酒等高峰的税率。在非关税措施方面，中国更新了有关补贴及动物卫生检疫措施的通知。在农产品方面，有些成员认为，中国还需进一步做出努力，特别是在关税、关税配额以及动植物卫生检疫方面。在服务贸易方面，根据中国代表团的建议，按部门逐一进行了双边谈判。

1998年4月23日至25日，美国贸易代表巴舍尔夫斯基访问北京，与中国代表团就中国加入WTO问题及双方经贸关系问题举行磋商。此轮中美磋商就工业品关税、非关税措施、海关估价、服务贸易中的分销和专业服务领域框架基本达成共识。5月18日至22日，龙永图率中国政府代表团赴日内瓦参加了多边体制50周年大庆和世贸组织第二届贸易部长会议。这次会议上，各国主要政界要人、国家元首均亲临WTO总部以祝贺全球多边贸易体制自1948年1月1日GATT临时实施以来所取得的成就。6月15日至27日，以石广生为首的中国代表团与美国贸易代表巴舍尔夫斯基为首的美国代表团就中国加入WTO问题进行磋商。由于美国坚持高要价，中美双边在克林顿访华之前未达成协议。6月25日至7月3日，美国总统克林顿对中国进行访问，加快了谈判的进程。6月26日，国务院总理朱镕基在北京会见美国财政部部长罗伯特·鲁宾。双方就中美经贸关系、中国加入世界贸易组织等问题广泛、深入地交换意见。

7月14日至24日，以时任外经贸部首席谈判代表龙永图为团长的中国代表团赴日内瓦出席WTO中国工作组第八次会议，并在会前与会后，与16个WTO成员进行了磋商。中国在会上通报了中美双边磋商的情况，以让更多WTO成员知道中国在市场准入的开放方面均一视同仁，不搞歧视。10月6日至7日，龙永图为首的中国代表团与欧盟对外关税总司副司长德培尔为首的欧盟代表团在北京就中国加入WTO问题进行了磋商。双方就欧盟9月28日提交中国的非文件”——揽子“全面要价单进行了技术级澄清。10月8日至13日，龙永图为首的中国代表团与美国助理贸易代表卡希迪为首的美国代表团在华盛顿就中国加入WTO问题进行了磋商。双方就1998年6月北京部长级磋商以来遗留的问题，进行了技术级磋商。

20世纪最重要的经贸谈判：中美双边谈判是中国加入WTO谈判的核心

1999年，是中国与美国WTO历史上关键而又具有重大转折意义的一年。11月15日，中美就中国最终在经历了23轮中美双边的"复关"/加入WTO谈判磋商，多边在GATT/WTO中国工作组27轮接触，双边经贸中无数次的反复较量后，终于给了世界一个惊喜。

1998年克林顿访华，给国际社会一个重要信号：美国要寻求与中国进行较广泛的合作，最重要的就是经贸领域的合作。中美建设性战略伙伴关系的确立为谈判创造了良好的气氛。美国真正认识到，在21世纪整个世界政治经济的全局中，如果离开和中国的合作，不可能有一个和平稳定繁荣的世界。中国也认识到，美国作为世界上最强大的国家，经济技术资金非常雄厚，中国要发展经济，就要对外开放，就必须和美国建立一种友好合作的关系。中美能够达成双边协议，特别是在世纪之交能够达成这样一个协议，确实是为中美两国在21世纪建立一个长期合作的关系，提供了一个比较稳定的法律框架。这次谈判非常复杂，非常艰苦，涉及面之广、涉及的问题之多是前所未有的，但是两国领导人都从发展两国战略高度出发，确实表现了极大的政治勇气和政治决断力。

与此同时，欧盟也积极改善与中国的经贸关系，这有利于谈判进程的加快。世界贸易组织成立以来，欧盟越来越认识到美国的全球经济战略对其构成压力，也深感在世界贸易组织中需要有一支新的力量介入。为此，从1995年开始，欧盟小心翼翼地调整对华经贸政策，加强与中国的经贸合作。1998年5月更加大胆地全面调整对华政策，把中国从"非市场经济国家"的名单中删除，不再对中国实行较为歧视的进口政策，并积极推动"亚欧会议"向更加实质性的经贸利益领域合作发展，使过去"美加日欧"共同对付中国的联盟无形中已经瓦解，西方在对华加入世界贸易组织的谈判策略方面出现分歧，难以协调一致。

另外，日本为了自身利益，也加快与中国在货物贸易领域的谈判，并在1997年事实上已结束了货物贸易领域的谈判，只等服务贸易一旦达成协议就全面签署协议，这样对美国构成了极大的谈判压力。

从国内来看，在朱镕基总理访美和中国驻南斯拉夫使馆被轰炸后，国内对中国加入WTO的反对声更加高涨。在这种背景下，通过举办一些研讨会、高级研修班、培训班，使国内的政府官员、大企业集团等更进一步加深了对中国加入WTO问题的认识，对国际组织的认识，对中国加入WTO与对外开放，市场经济体制建立与发展等一系列重大问题的认识。

在这种背景下，中美举行了多次双边谈判，双方最高领导人亲自参与会谈：

1999年1月开始，中美双边从副部级到最高首脑举行多轮技术层的谈判和高级会晤，作出政治决断，谈判团成员夜以继日的工作和辛勤的劳动，终于结出丰硕的成果。

同年1月12日，朱镕基总理在会见联邦储备委员会主席格林斯洛时表示，希望在4月访美期间中美能够结束关于中国加入WTO的谈判，但要求美方提出的“最后要价单”是合情合理的。

1月28日至29日，美国贸易副代表费舍尔访华。28日上午，时任外经贸部首席谈判代表龙永图与费舍尔就中国加入WTO问题举行了会谈。费舍尔表示美国正加紧按照中国要求，准备“没有水分”的“最后要价单”，预计3月初巴舍夫斯基将亲自到北京向中国提交这份清单并进行深入谈判。

2月8日至10日，以龙永图为首的中国代表团与美国助理贸易代表卡希迪为首的美国代表团在华盛顿就中国加入WTO问题进行了磋商。双方就美方准备提交的最后要价单进行了讨论，美方重点就农产品及服务贸易深入提出了具体新要价。

2月22日至3月4日，中美代表团

在北京就中国加入WTO问题进行了磋商，双方就美方2月12日提交的"最后要价单"草案进行了讨论。

3月19日，世界贸易组织中国工作组主席吉拉德在日内瓦郊外别墅主持了部分代表团团长非正式会议，此次会议的主要目的是评估中国加入WTO谈判的形势，并对今后的谈判做出安排。与会代表一致认为中国加入WTO谈判已出现了新的势头，希望中国在新一轮谈判前加入WTO。

3月24日至4月2日，中美代表团在北京就中国加入WTO问题举行会谈。双方继续就中美WTO"一揽子"协议中的议定书、市场准入、农业合作协议、纺织品等问题举行了磋商。

3月30日，国务委员吴仪与巴尔舍夫斯基举行了会谈。同时朱镕基总理会见了巴尔舍夫斯基，明确指出中国愿意充分考虑美方提出的要价单，并有诚意与美方达成协议，希望美方拿出政治意愿，加快中国加入WTO进程。

4月4日至4月10日，中美代表团在华盛顿就中国加入WTO问题进行磋商。这一轮谈判没能达成协议，从具体谈判看，争论的焦点主要集中在中国电信业、银行保险业、汽车业的开放以及美国对华纺织品配额、过渡期保障机制等问题上，美国要求中国在上述领域作更大的开放，而中国认为美国将纺织品配额延长到2010年违反世界贸易组织的协议，选择性保障机制则与世贸组织非歧视原则不一致。

4月22日至24日，中美代表团在北京就中国加入WTO问题进行了磋商。中国着重澄清了美国4月8日发表的清单有许多内容是美国单方面的要求，中国不能接受，因此，磋商没有取得进展。

4月26日至28日，以龙永图为首的中国代表团与欧盟对外关系总司副总司长德培尔为首的欧盟代表团在北京就中国加入WTO问题进行了磋商。5月6日，欧盟副主席布里坦与外经贸部石广生部长在北京进行了谈判。由于欧盟要价过高，并且攀比美国，谈判没有取得大的进展。

中国与日本的货物贸易谈判已于1997年9月结束，在日本首相小渊惠三访华前夕，1999年7月5日至9日，中日双方在北京又进行了一轮服务贸易谈判。7月9日双方发表了联合新闻公报，宣布结束全部双边谈判。但日方不想放弃从美欧对中国谈判中可能得到的利益，最终没有签署双边协议。

1999年5月13日至17日，澳大利亚副总理费希尔来京参加中国商贸联委会期间，中澳双方在北京进行了一轮WTO双边磋商。同年7月澳大利亚外长唐纳中旬访华期间，7月13日中澳双方发表了联合公报，宣布双方全面结束谈判。

7月27日至8月4日，以龙永图为团长的中国加入WTO代表团，在日内瓦与菲律宾、斯里兰卡、马来西亚、泰国、印度、吉尔吉斯斯坦、拉脱维亚、阿根廷、巴西、智利、哥伦比亚、委内瑞拉、乌拉圭、墨西哥、危地马拉、厄瓜多尔、哥斯达黎加、秘鲁、古巴19个WTO发展中国家成员进行了双边磋商。在此过程中，中国与菲律宾、智利、委内瑞拉和斯里兰卡的磋商取得突破。

10月25日至26日，龙永图率团在日内瓦与欧盟代表团举行了双边磋商。10月25日下午和26日上午，双方举行了技术级磋商，26日下午举行了全会。欧盟驻华大使魏根深专程自北京参加此次会谈。10月27日至28日，中国代表团还与瑞士、挪威、波兰、菲律宾等WTO成员进行了双边磋商。

从1999年11月9日开始，中美双方就中国加入WTO在北京举行双方第23轮，也是最后一轮磋商，经过3天的谈判，美方仍固守防线，不愿让步。但由于中美双方领导人的政治意愿已决，中美双方必须达成协议。为此，11月13日下午，总理朱镕基和国务委员吴仪会见美国总统特使巴尔舍夫斯基、美国总统经济顾问斯帕林等代表团，亲自与美方对服务市场开放交换了具体意见，明确向美方表明中国达成协议的良好愿望，而巴尔舍夫斯基也进一步向朱总理表达了克林顿总统希望结束谈判的愿望，希望能有新的授权，争取在服务贸易开放方面与中国进一步磋商。11月14日，双方重开谈判，仍然在电讯业股权安排、保险业业务限制、股权及地域限制、银行业开放时间、证券行业进入股权及地域等方面存在差异，仍未能签署协议。15日下午，朱镕基总理又亲自会见了巴尔舍夫斯基一行，与美方就主要焦点展开详尽的谈判。经过两个多小时的紧张谈判，15日下午3时15分，中美双方代表石广生和巴尔舍夫斯基终于签署了关于中国加入WTO的双边协议。

11月2日，在中美谈判前，外经贸部副部长孙振宇在北京与来访的智利外交部副部长费尔南德斯共同签署了两国关于中国加入世贸组织问题的双边市场准入协议。智利是世贸组织成员中第一个与中国结束双边谈判的拉丁美洲国家，也是第12个与中国正式结束谈判的世贸组织成员。

11月26日，中国与加拿大结束了关于中国加入WTO问题的双边谈判。出席中加贸易理事会的外经贸部部长石广生与加拿大国际贸易部部长佩蒂格鲁在加拿大多伦多签署了中加WTO双边协议。

11月30日至12月3日，以外经贸部石广生部长为团长的中国政府代表团出席了在美国西雅图举行的WTO第三届部长级会议。12月2日，石广生部长在全体会议上发言，强调指出：WTO应充分尊重发展中国家的经济发展目标以及与之相适应的渐进的市场开放模式；发达国家应当切实履行在乌拉圭回合谈判中承诺的义务，改善发展中国家的市场准入环境；制订新的贸易规则必须有发展中国家的充分参与；加强发展中国家之间的协调，增强参与多边贸易体制的集体谈判能力；新一轮多边贸易谈判应集中讨论与贸易有关的问题，不应当把那些与WTO职能无关的问题，如劳工标准等纳入议题当中。

但由于发达国家在劳工标准、竞争政策、环境等问题上与发展中国家的分歧较大，最终导致谈判失败，使其成为多边贸易体制历史上未通过“宣言”的一次谈判，“十年谈判”终于没能成其为“千古"之谈。

2000年双边谈判成果丰硕，但是遭遇欧盟、墨西哥"阻击"

2000年1月初，龙永图率中国代表团赴日内瓦，在WTO的积极配合下，与20多个WTO中国工作组成员展开双边谈判，各成员均获本国政府较大授权，有权在日内瓦签署协议，这为中国加入WTO谈判提供了良好政治基础。1月21日，中国分别与巴西和斯里兰卡结束关于中国加入WTO的谈判。1月27日，中国分别与乌拉圭和秘鲁结束谈判。1月28日，中国分别与挪威和冰岛结束双边谈判。

2000年双边谈判基本结束。中国与除墨西哥、欧盟之外的30多个成员签署了双边协议。2月16日，中国与菲律宾结束关于中国加入WTO的谈判。2月22日，与印度结束谈判。3月7日，与哥伦比亚结束双边谈判。3月10日，和泰国达成双边协议。3月11日，与阿根廷结束双边谈判。3月15日至16日，和马来西亚司局级官员在北京就中国加入WTO问题进行技术级谈判。双方已全面结束谈判，马方将谈判结果报告政府批准、确认后，双方将正式签署协议。3月24日，分别与波兰和吉尔吉斯斯坦结束关于中国加入WTO的谈判。4月12日，与马来西亚签署双边市场准入协议。5月16日，与拉脱维亚签署双边协议。5月22日，与澳大利亚签署双边协议。6月30日，与日本签署双边协议，包括货物与服务等。7月26日，与厄瓜多尔签署双边协议。7月27日，与危地马拉签署双边协议。9月26日，与瑞士签署双边协议。

而中欧双边经过艰苦磋商也最终达成了满意的结果。1999年4月26日至28日，以龙永图为团长的中国代表团与欧盟对外关系总司副司长德培尔为首的欧盟代表团在北京就中国加入WTO举行双边磋商。5月6日，欧盟理事会副主席希里坦与外经贸部部长石广生在北京举行了谈判，但由于欧盟要价太高，并且与美国的要价相攀比，谈判没有取得实质性的进展。10月25

日至26日，龙永图率代表团在日内瓦与欧盟代表团举行了双边磋商，25日下午和26日上午，双方举行了技术级磋商，26日下午举行了全会。欧盟方面相当重视这次谈判，力图在中美达成协议前结束技术层面的谈判，为此，欧盟驻华大使魏根深专程从北京赴日内瓦参加会谈。在中美1999年11月15日达成双边协议后，原定于11月19日的中欧双边磋商因欧盟提出它要重新评估中美间的双边协议而被迫中断。

在经历了上述中美协议的刺激后，2000年1月24日至26日外经贸部首席谈判代表龙永图赴布鲁塞尔欧盟总部与欧盟举行双边磋商。在磋商中，龙永图表示，在中美达成协议后，欧盟作为中国最重要的经贸伙伴，希望欧盟要有紧迫感。务实灵活地考虑农产品和服务贸易市场开放的要求，尽快结束与中国的谈判，同时他还指出，中美之间的协议也将按WTO最惠国待遇原则对欧盟实施，除个别最惠国待遇的例外规定外，中国给予美国的利益也自然要给予欧盟。欧盟方面表示，中美之间的协议有85%将通用于中欧之间，仅就15%的进行谈判，所以谈判应该可以尽快结束，并指出谈判的进程取决于中国对这15%的看法。双方就农产品、汽车、服务贸易的开放展开了磋商。磋商取得了进展，这是中欧间就加入WTO问题进行的第13轮双边磋商。

3月28日至31日，石广生率领中国代表团与欧盟贸易委员会委员拉米率领的欧盟代表团在北京进行双边磋商，这轮历时4天的世贸谈判无法达成协议。5月15日，双方再次进行磋商。在4天的谈判中，5月18日中午，朱镕基总理会见了拉米，向其表达了中国力争达成协议的决心，欧盟也认识到中国是否能在年底前加入WTO，关键就在于这次谈判是否能达成协议，否则从技术层面不可能实现年底前加入WTO的目标。

当然，欧盟不愿承担阻碍中国加入WTO的责任，也认识到尽快结束谈判，争取到与美国相同的利益

位于比利时布鲁塞尔的欧盟总部

也就足够了。超过中美协议的要价本身就不符合WTO的规则，也不符合中国对外开放的实际。我们坚持按非歧视原则与欧盟谈判，明确其不能提出高于美方要价的内容，如电讯公司的控股权及股权比例不能超过50%，外资保险公司分支机构设立的形式、部分产品关税和汽车配额、销售服务贸易等也应该按《服务贸易协定》规定来要求。经过双方妥协，2000年5月19日下午，中国和欧盟签署了中国加入世贸组织协议。

而在这个时期，中国加入WTO多边谈判也进入了最后阶段。2000年3月20日至21日，外经贸部首席谈判代表龙永图率中国WTO谈判代表团赴日内瓦参加WTO中国工作组第九次会议。会议对中国加入WTO的双边谈判进行了总结和评估。中国在会议上提交了《对外贸易制度备忘录》（更新版）和涉外经贸法律法规清单。会议还对下一步加入议定书和工作组报告书等多边文件的起草工作进行了讨论。工作组主席吉拉德宣布中国加入WTO谈判的多边进程进入最后阶段。

2000年6月19日至23日，WTO中国工作组第十次会议在日内瓦召开。由于这次工作组会议是在中欧双边协议签署基础上进行的，因此，WTO及各成员均认识到中国加入WTO谈判的重点将从双边转向多边议定书具体细节的起草和工作组报告的起草阶段。其实，中国代表团已经清楚地意识到，虽然与主要经贸伙伴的双边谈判已基本结束，但中国工作组报告是总结中国自1986年“复关”谈判和加入WTO谈判主要阶段各成员与中国在多边谈判阶段各自的承诺，这同样是中国的权利与义务的重要组成部分，而议定书则是将双边谈判和多边谈判中对所有成员与中国的权利与义务加以确定的法律文本，也必须确定在双边谈判中没涉及、但是具有对所有成员均适用的、带有普遍性的权利与义务的规定。一些成员在双边谈判中没提出或没涉及的权利，也可以在这一阶段的谈判中提出来，这就决定了这一阶段中国加入WTO谈判面对的不仅仅是单一成员而是成员整体，也决定了这一阶段的谈判更具艰难性，对手更难对付。

经过4天的谈判，中国工作组确定7月再召开会议，以继续讨论工作组报告书内容及议定书条款。

2000年7月19日至27日，中国谈判代表团团长、时任外经贸部首席谈判代表龙永图率团参加中国工作组第十一次会议。龙永图在发言中指出：“中国加入世贸组织的谈判正在正确的轨道上取得稳定的进展。在双边谈判方面，我们在本周与厄瓜多尔和危地马拉签署了双边协议，同时结束了与哥斯达黎加的谈判。这样我们长长的谈判对手单子上目前只剩下了墨西哥和瑞士。我们与这两个世贸组织成员的谈判也已取得很重要进展。我希望，通过共同努力，中国将在近期全面结束加入世贸组织的双边谈判。”

“在多边谈判方面，在最近几次在日内瓦举行的会议，特别是在第十次工作组会议的基础上，这次会议又把多边起草中国加入世贸组织法律文件的谈判推进了一步。"他表示，只要本着相互信任、相互谅解的精神，采取灵活、务实的态度，就一定会尽快实现中国加入世贸组织这一共同目标。

工作组会议上，各成员与中国代表团就中国加入WTO议定书的具体框架提出建议，并就工作组报告书进行讨论。工作组主席吉拉德在27日的正式会议上作总结发言时指出："这次会议取得了相当好的进展，在许多重要问题上正在形成一致意见。这使中国加入世贸组织的多边进程向前迈出了重要的一步。"

在会议期间，许多WTO成员代表在会上发言时明确要求进一步加快谈判进程，争取中国早日加入WTO。这次会议的另一重大成果是中国与瑞士的双边谈判取得实质性突破，瑞士联邦委员会经济部部长库什潘表示在下一次中国工作组会议期间双方最终签署协议，以推动中国加入WTO双边谈判尽快结束。

2000年9月27日至28日，中国工作组第十二次会议在日内瓦举行，龙永图率中国代表团参加了此次会议。此次会议前中国工作组将第十一次会议后中国工作组报告草案作了修改，并于2000年9月11日，以工作组报告草案修改要点形式向各成员散发，以供讨论。会上各方还就2000年9月14日散发的34号文件（中国对国营贸易进口管理的产品修改后的附录）、35号文件（中国对国营贸易出口管理的产品修改后的附录）、36号文件（非关税措施的分阶段取消的修改）及37号文件（改进后的国营贸易信息）加以评估，认为符合WTO有关国营贸易的规定。

2000年11月1日至11日，龙永图率中国代表团赴日内瓦参加中国工作组第十三次会议和工作组成员举行双边非正式磋商。针对一些成员担心中国是否能履行加入WTO承诺的问题。龙永图说，中国将信守在双边和多边谈判中的承诺，因为履行这些承诺不仅有利于所有世贸组织成员，而且将有利于中国进一步实行改革开放政策。为确保履行这些承诺，目前中国已经开始进行一系列的准备工作，其中包括清理和修改法律法规以及对政府官员进行培训。

从11月1日起，中国代表团与世贸组织有关成员还进行了双边磋商，并参加了工作组非正式会议，就中国加入世贸组织的多边法律文件继续进行了讨论。12月5日至9日，中国工作组第十四次会议在日内瓦召开，龙永图率中国代表团参加会议。美欧在会议一开始就提出要在工作组报告书中将中国在双边中的所有承诺如何实施的问题加以落实，特别是在加入WTO议定书中对保护知识产权、补贴、减少非关税壁垒以及服务贸易市场准入许可证的颁发及程度等提出一些新要价，从而使多边谈判又出现新的问题。

经过21年的努力终于在2001年实现梦想

2001年1月9日至17日，中国工作组第十五次会议在日内瓦召开，基本确定年内解决中国加入WTO问题。许多发展中国家代表在发言中反对发达国家成员在谈判中向中国提出不合理要求，表示支持中国的谈判立场，要求尽快结束谈判，使中国早日加入世贸组织。

6月28日至7月4日，中国工作组第十六次会议在日内瓦举行，开始加入WTO冲刺阶段。龙永图率领来自外经贸部、外交部、国家经贸委、中国保险监督管理委员会、国家外汇管理局、海关总署和农业等部门的30多名官员组成的代表团参加此次会议。会议举行前，中国代表团将与一些世贸组织成员举行双边会议，以分别解决各自关心的有关多边谈判中的遗留问题，为加快结束中国加入世贸组织的实质性谈判创造条件。经过10天的谈判，这次会议已完成了中国加入WTO实质性谈判，成为中国加入WTO谈判漫长进程的转折点，正如龙永图团长所说："这次会议就多边谈判中遗留的12个主要问题达成全面共识，其中包括农业和工业支持问题、贸易权问题、对中国过渡性审议机制问题等一系列重要问题。可

中国加入WTO10年来，向国人和世界交出了一份骄人的成绩

以说有关中国'入世'的政治性、实质性问题已经解决了。"

这次工作组会议后，世贸组织秘书处将把实质性谈判形成的全面共识整理为具体文件。会议决定，第十七次工作组会议将于7月16日在日内瓦召开，审议最后形成的议定书和工作组报告书，这是中国加入世贸组织的法律文件。

2001年7月16日至20日，WTO中国工作组第十七次会内瓦召开。这次会议对中国加入世贸组织的法律文件及其附件和工作组报告书进行了磋商，并最终完成了这些法律文件的起草工作。会后，世贸组织各成员把所有法律文件和附件带回各自国家进行技术核对，以便在下一次工作组会议上再提出疑问并要求中国加以解答，然后通过"一揽子"法律文件。

9月11日原计划在日内瓦举行的中国工作组第十八次会议如期召开，但是由于9·11事件的爆发使得谈判再度停止。中国加入WTO真是好事多磨，任何突发事件都可能影响它的进程。

9月17日，世贸组织中国工作组第十八次会议在世贸组织总部举行了正式会议，在中国工作组主席、瑞士贸易代表吉拉德的主持下，会议逐项通过了中国工作组报告书、中国加入WTO议定书、货物贸易减让表和服务贸易减让表，并决定将这些文件提交世贸组织总理事会审议，立即通过中国加入WTO的所有法律文件。

11月10日，世界聚焦卡塔尔首都多哈，世贸组织第四次部长级会议在这里召开，审议并最终通过了中国加入世贸组织议题，11日，中国政府代表团递交了江泽民主席签署的中国加入世贸组织批准书。从这天起30天后，即在2001年12月11日，中国正式成为世贸组织第143个成员。

（摘自《中共党史资料》
2004年第1期）

中美关于中国加入WTO谈判的若干细节

/《朱镕基讲话实录》编辑组

1994年10月24日，朱镕基会见美国联邦储备委员会主席格林斯潘时说：

如果你去外资企业征求意见，请转告他们：如果他们愿意把外汇卖给中国的银行，他们就可以到中国的银行去购买外汇，但合同中承诺出口的产品必须出口，这是我讲的。另外，请你回国后向本特森先生转达，我在马德里时也曾对他讲过，在“复关”问题上，我们与美国进行了长期的谈判，作出了巨大的让步，基本上满足了关税及贸易总协定的要求。有很多事例可以说明，如今年1—9月份进口增加了30%，关税比去年减少，降低了几种商品的关税。希望美国支持我们尽快"复关"。在马德里时，本特森先生也许出于礼貌，既没表示反对，也没表示同意，请你转告他，我希望从他那里得到一个肯定的答案。

备受关注的《朱镕基讲话实录》

1995年1月9日，朱镕基在中南海紫光阁会见日本大藏大臣武村正义时说：

中日两国之间的经济、贸易及技术方面的合作关系在继续向前发展，这种合作关系是良好的。我相信大臣阁下的访华将进一步推动这种关系的发展。我作为主管经济的负责人，还想提以下几个问题，请阁下关照：

第一，关于中国恢复在关贸总协定的地位，也就是加入新的世界贸易组织问题，由于政治方面的原因，去年没有谈成。中国不会放松按照世界贸易组织的要求进一步改革经济体制，特别是外贸体制，但是我们将坚持原则，不会无条件地屈服于压力。希望日方支持中方的这一立场。实际上，中国加入世界贸易组织给中方带来的利益不及带给世界贸易组织其他成员的好处，也就是说，中国的加入不仅对中国有利，它对大家都有利。……

1999年1月12日，朱镕基在中南海紫光阁会见美国联邦储备会委员主席艾伦·格林斯潘时说：

我将接受克林顿总统的邀请，于今年4月份访问美国。希望在我访美期间，两国能就中国加入世贸组织问题达成协议。我已经要求外经贸部部长石广生和美国贸易代表巴尔舍夫斯基进行谈判。如果巴尔舍夫斯基开出的条件合情合理，我们将接受，但是必须有时间表。我说必须有时间表，并不是为了拖延。时间表的概念也许是一年，也许是三年，最长不超过五年。最棘手的问题需要五年时间，金融市场放得开没有什么好处。金融市场的全面开放必须循环渐进、必须条件成熟，必须监管水平跟得上才行。（转向格林斯潘）我很抱歉在会见时说和你没什么关系的话。

1999年3月31日，朱镕基会见美国国会议员代表团时说：

从去年下半年以来，中美关系出现了很大的困难，主要是很多美国人在许多问题上存有很大的误解，我愿意通过这次访问向美国人民解释一下实际情况，使美国人民对中美关系有正确的了解。中国在恢复关贸总协定缔约国地位和加入世贸组织的谈判上作出了很大让步，连美国贸易代表都认为这些让步三五年前是不可想象的。中国就加入世贸组织问题已谈了13年。这些让步对于美国贸易代表已经是足够了，他们认为是可以接受了，但受到国会的压力，指责他们用原则做交易，所以他们又变得很强硬，越谈越难，用中国话来讲叫"得寸进尺"。因此不是中国，而是美国方面把经济问题变成了一个政治问题，因此很难达成协议了。你们的谈判代表巴尔舍夫斯基是部长级，而代表我方谈判的是吴仪，相当于国务院副总理。在短短几天内，我见了巴尔舍夫斯基两次，每次会谈都超过两个小时。我是很少会见代表团达两个小时的，今天与你们这么重要的代表团会谈也不会超过两小时。昨天，我和巴尔舍夫斯基谈了一下午，原来想会很快达成协议，但昨天下午她的调子改了，又变得很强硬。为什么？我想你们国会给她的压力太大了。我方在市场准入，农业方面，如小麦矮腥黑穗病、柑橘和肉类检疫等方面都作了很大让步。你们的谈判代表也认为让步已经够大了，但就是不肯签署这个协议。我今年70岁了，会见过无数外宾，从来还没有碰到过这么一个难对付的谈判对手。我想着已不是一个经济谈判，而是政治谈判。我希望美国人不要以为中国不加入世贸组织就活不下去了，不要有这样的想法。谈了13年，中国活得很好，而且活得越来越好。如果这次达不成协议，中国和世贸组织在3到5年内就再见了。这对中国影响不会很大，因为我们将继续发展与世界各国的双边贸易关系，但对美国是错失良机。在农业问题上，我们以前把进口小麦产地分为疫区和非疫区，现在可以不分了。这是一个极大的让步，已经冒了很大的风险了。电信业我们以前根本不开放，现在我们开放了。只设了投资比例的限制。即使美国的许多行业如民航也有投资比例的限制，不允许外国公司控股。中国在通信领域同意采用美国的CDMA标准，只有几个国家采用CDMA标准，但我们仍同意采用。在这方面以及其他几个方面包括环保、能源、信息产业等合作，有几千亿美元的生意。如果这些开放了，可以解决美国对华贸易逆差问题。如果美国不在出口方面进行限制，现在情况就不一样，中美贸易情况就会有很大改观。也许你们要问为什么中国要作这么大的让步，不是说中国不加入世贸组织也能活下去吗？原因是我们看到中美两个大国的合作对世界和平与发展有利，我们为此作出了牺牲。

1999年4月8日，朱镕基在美国总统克林顿举行的欢迎晚宴上讲话说：

我可以告诉大家，我们和克林顿总统及他的同事们之间，进行了非常友好、坦诚、建设性的、富有成果的会谈。我们在很多问题上都达成了一致的意见，并在很多有不同意见的问题上，取得了一定的相互理解。我们在有些可以达成协议的方面已经达成了协议，比方说，在中国加入世贸组织方面，我们将要发表一个联合声明；同时，我们对这个谈判的一部分，也就是农业方面要签订一个协定，这次访问最重要的部分，还是我在今后陆续到你们的好几个城市去跟美国人民进行直接的接触，来加强中美两国直接的友谊。

1999年11月13日、15日，朱镕基在中南海紫光阁会见美国贸易代表查伦·巴尔舍夫斯基时说：

为了回应美国的让步，中国是不是没有让步呢？请不要忘记，在这之前，甚至在4月之前，中国为加入世贸组织作了很大的让步。我相信你们应该记得。

我记得很清楚，4月7日到达华盛顿时，当晚克林顿总统与我谈到夜里12点，斯珀林先生也在。克林顿总统的判断是，双方不能达成协议，即使达成了，美国国会也不会批准。实际上，对中国在农业方面的让步，各界人士都是支持的。由于这一支持，克林顿总统改变了判断，并不是所有国会议员都不同意，尤其是来自农业发达州的议员。在当时，国会确实表现了实质性的让步。我也记得很清楚，加州的范因斯坦参议员每年都来中国，每次都谈水果出口，都不满意。4月以来，她对中方在农业方面的让步十分满意，表示支持中国加入世贸组织，这是她亲口跟江主席讲的。

所以你们这次来，说美国作了前所未有的让步，而中国没有作出相应反应，你们就大发脾气。我提醒一点，你们不知道我们在农业上作了多大让步。我为此而受到全国人民的指责，你们知道不知道？

我现在可以重申，我们4月在农业上的让步，我基本上不会后退，但如果这次不达成协议，那我们永远不会在农业方面让步。

……

我想江泽民主席等中国领导人，都是一贯积极地支持与美国达成世贸组织协议的，并未改变这一初衷。只要中美达成协议，我们就可以与其他国家解决遗留问题，我们与澳大利亚、日本等国已结束了双边谈判。这次江主席访问的所有国家，包括英国和法国，没有一个不赞成我们早日加入世贸组织的。所以请你们相信，今天我们非常希望与你们达成协议。

我得到江泽民主席的全部授权，但我也回忆起4月见到克林顿先生的情景，他当时很诚恳地讲，今天不能达成协议。我今天同样诚恳地讲，希望达成协议，也请你们考虑中方的情况。

那天晚上克林顿先生所表现的诚恳，我永远不会忘记，不管他是不是总统。

我认为，世界上所有国家都在看着我们能否达成协议。为了表示诚意，经过深思熟虑，我把主要的方面向你讲一讲，但不希望总有一种提法，即以4月10日的文件为基础。大家都知道，4月10日的文件，龙永图先生虽然签了个字，但并不是草签，如果要把这份文件当成法律文件，是没有道理的。因此，我们可以提4月10日的文件，因为其中一些是我们可以同意的，但只能参照，不能作为基础，这不是法律文件。

……

所有这些问题，是有分歧的最大问题，我基本上或原则上作了让步，我也只能作这些让步了。只有一个问题，今后也不会让步，那就是电信的国际出入关口的问题，一定请你们谅解。包括所有人士，甚至军方人士都不会同意。

就这么多了，感谢你们的耐心。

建议你不要马上答复我，好好研究，再来回应我，然后与石部长会谈，石部长是江主席和我授权与你们谈判的。我今天讲的是我们方面的意见，应该说是最终的，但不要误会，并不是说不能再谈判，不过原则上不能让，但我不搞一言堂。

还要补充一点，我向萨默斯先生提出了三个要求：一个是永久最惠国待遇，一个是一般保障条款，还有技术出口的问题。关于技术出口这个问题，谈判的弹性是很大的，但如果你们没有表示的话，我们也无法向全国人民交代。建议考虑一下，是否以石部长与戴利部长换文的形式，作出一定表示，是否可以这样做？

我不是不礼貌，不是不让你回应，我认为你们应该商量以后再回应比较好，因为你现在提出问题，我也很难回应，也要问江主席。还不如你与石部长谈，石部长向我报告，我向江主席报告。

……

除了这些问题就没有别的问题了，不会影响公众的看法和利益，不存在什么主要的问题了。至于那些次要问题，双方代表团可以根据江泽民主席和克林顿总统通话的精神，本着互谅互让的原则，达成双赢的协议。让那些不重要的问题，成为我们达成协议的障碍是非常不明智的。巴尔舍夫斯基是我的老朋友。斯珀林先生我上次见面了解不多，这次了解更多了，印象也更深了，我现在没有时间跟你们谈判了，我必须在会议结束前赶回去继续主持会议。现在是不是可以达成协议了？双方发表新闻公报。如果能接受我们的条件，就可以达成历史性的协议，实现双赢，其他问题本着互谅互让的原则解决。能不能签字，希望明确表态，这不是最后通牒。我与斯珀林先生相比，平常脾气要大得多，但我没有对你们发火，可江泽民主席也没有这个耐心了。

1999年11月15日，朱镕基在中央经济会议上讲话说：

我跟大家宣布一个刚刚收到的消息，今天下午三点半，中美关于中国加入世贸组织问题的谈判已经签订了协议，宣告成功地结束了。四点钟，江主席会见美国的巴尔舍夫斯基大使和总统特别助理斯珀林，会见后他们就打道回府了，这个问题就算告一段落了。我昨天一个晚上没有睡觉。今天上午江主席讲话的时候，我开小差了，开小差到哪儿去了？到外经贸部去了。可以说我去了以后就“强迫”他们签字，也可以说是水到渠成。

我国加入世贸组织的谈判，始终是在中央特别是江主席的亲自领导下进行的，是按照有理、有利、有节、针锋相对的原则进行这次谈判的，在原则问题上我们没有作任何让步。我发现有很多省区市的同志，包括各部门的同志有误解。

第一，中国在农业方面做了太多的让步，美国的农产品会向中国倾销。完全不是这个情况。我们作的是什么让步呢？过去我们买粮食，美国的小麦有矮腥黑穗病，因此我们就限定粮食只能够从几个没有矮腥黑穗病的州进口。这个限定本来也是没有什么道理的，因为矮腥黑穗病发生在美国，怎么能够保证这个州有、那个州没有啊？我们坚持检验和索赔就可以。我只要检验出你有矮腥黑穗病，我就拒绝进口，而且对这批小麦，我们完全可以运到海南岛那个不种小麦的地方加以处理，或者在秦皇岛加以烘干，高温消毒，就可以解决问题。我们作了这个让步以后，那些原来不许他们出口小麦的州高兴得不得了，都拥护了。水果同样是这样的，因为有地中海果蝇，不许进口，这个也是加强严格的检验，就可以解决这个问题。进不进口的主动权完全在我们这边，并不是说我们非要进口不行。所以这一次我们提高了进口的关税配额。比方说小麦，关税配额是700万吨，也就是在700万吨进口量之内，使用一种关税：超过700万吨，那关税是高的。很多同志就误会了，以为我们定了这个关税配额就是每年必须进700万吨，不是这样的。这个配额是一回事，你买不买是另外一回事。我们去年才买了几十万吨小麦。而且我们规定得非常清楚，粮食、棉花、植物油、糖、化肥、成品油、原油、烟八种产品实行专营？就是只允许国家的贸易公司进口，不但你外国的贸易公司进不来，中国的私营贸易公司也不允许它经营，粮食进口就中国粮食进出口公司一家。买不买都得听我们的，不是说关税配额多少就是一定要进口多少，我也可以一吨也不进口啊。而且我们保留了专营，进不进在我，对这一条我们是抠得紧紧的。

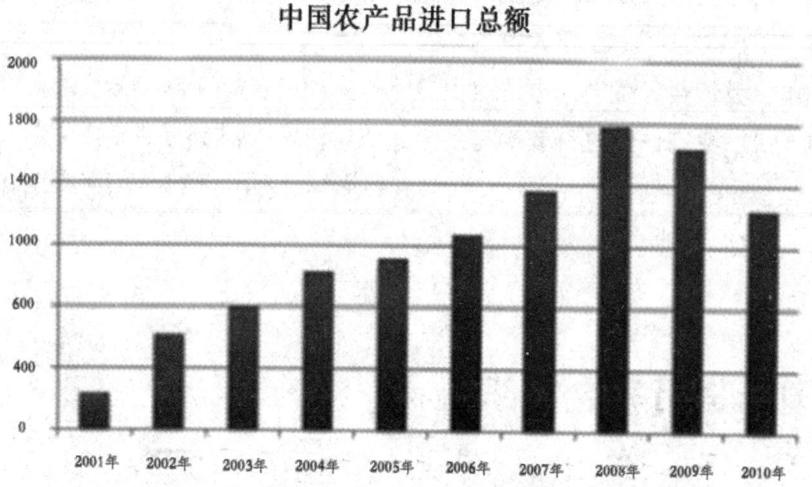

中国加入WTO十年，中国农产品进口总额已经从2001年的118亿美元，增加到2010年的719亿美元，年均增幅达22.2%（图表单位：亿美元）

第二，我们降低了一些产品的进口关税，汽车的关税降低了一点，还有其他工业产品的关税也降低了一点。一些省区市党政府领导同志就讲了，现在，我们的企业一定要自力更生，否则一参加世贸组织，外国产品一进来，我们都垮了。如果是这个情况，我们还参加世贸组织干什么？一参加世贸组织，外国东西一进来，我们都垮了。不是这么个情况，没这么可怕。但是从另一方面讲，我们自己的企业也确实应该自强，应该改善经营管理，提高自己的竞争力，加入世贸组织是通过竞争促进我们进步，这个是完全对的。其实，参加世贸组织是很好的一种良性作用，就是有些外国产品进来，他们价廉物美，我们比不上它，这样就促进我们改进。

所以，我认为参加世贸组织有利有弊，但利大于弊。参加进去是有好处的，对吸引外国的投资、提高我们的国际声誉、参加制定国际贸易的游戏规则，都能发挥我们的作用。总之，这一次中美签订中国加入世贸组织的协议，是我们外交政策的一次胜利。至于大家的一些顾虑，我们会尽量地想办法减少这种弊端。我们估计这种弊端是不会影响我们国家发展的。

（摘自《朱镕基讲话实录》编辑组编：《朱镕基讲话实录》第3卷，人民出版社2011年版）

国际货币基金组织/戴相龙

1940年至1941年间，为防止战后各国国际收支出现重大失衡，避免各国竞相贬值货币或采取以邻为壑的贸易政策，国际社会开始酝酿建立国际货币基金组织。1944年7月1日至22日，在美国新罕布什尔州的布雷顿森林镇，45个国家的代表召开了具有历史意义的联合国货币与金融会议，通过了《国际货币基金组织协定》和《国际复兴开发银行（以下简称世界银行）协定》。1945年12月27日，29个国家的代表在华盛顿举行仪式，正式签署了上述两个协议，布雷顿森林体系宣告成立。当时，由于份额可列第三位的苏联政府决定不出席会议，中国在基金组织的份额（相当于股本金）排位居于美、英之后，名列第三。布雷顿森林体系有三个主要内容：一是确立可以按固定价格（每盎司35美元）兑换黄金的美元为国际货币；二是所有成员国实行可调整的固定汇率制，即成员国货币与美元保持固定汇率，但在国际收支失衡时可以在得到基金组织批准后调整；三是成员国可以向基金组

国际货币基金组织总部

织借款并进行政策调整以纠正国际收支的一般性失衡，或调整汇率以纠正国际收支的根本性失衡。

新中国成立以后，1950年，政务院总理兼外交部部长周恩来致电基金组织，严正声明中华人民共和国是代表中国的唯一合法政府，要求恢复中国在基金组织的合法席位。然而，由于当时国际政治环境的制约，中国在基金组织的代表权问题长期得不到解决。1971年10月，联合国大会通过决议，恢复中华人民共和国的合法席位，为我国恢复在联合国下属各专门机构的席位创造了条件。1978年，党的十一届三中全会关于改革开放的决议为我国加入国际金融组织创造了有利的内部环境。1979年1月，中美建交，加入国际金融组织的外部条件最终趋于成熟。

1980年3月，基金组织派团来华与我方谈判。1980年4月17日和5月15日，基金组织和世界银行的执行董事会先后通过了由中华人民共和国政府代表中国的决议，恢复了中华人民共和国在基金组织和世界银行的合法席位。由于占据中国在基金组织合法席位的国民党当局的经济实力不足，无力在1959年至1980年基金组织的几次普遍增资中增加份额，使中国在基金组织的份额从创建初期的第3位下降到第16位。1980年9月，基金组织通过决议，将中国份额从5.5亿特别提款权增加到12亿特别提款权。11月，中国份额又随基金组织的普遍增资而进一步增加到18亿特别提款权，在基金组织内的排名上升到第8位。在此基础上，中国在基金组织获得了单独选区的地位，从而有权选举自己的执行董事。中国在世界银行的股本和执行董事席位问题也同样获得解决。

（摘自《人民日报》
2001年2月19日第10版）

中国加入WTO谈判为何长达15年？

毫无疑问，中国加入WTO谈判是多边贸易体制史上最艰难的一次较量，在世界谈判史上也极为罕见。自1986年7月10日中国正式向WTO前身——关贸总协定(GATT)递交复关申请起，国内外无数次预测这场谈判的时间表。但谁也不曾料到，由于谈判逐步被“政治化”及其本身的艰巨性、复杂性、特殊性和敏感性，这一谈就是15个春秋。中国代表团换了4任团长，美国换了5位首席谈判代表，欧盟换了4位。从1987年就担任GATT(后为WTO)中国工作组主席的瑞士人吉拉德说，当初履新伊始，有人戏称他这个主席也许得干10年。吉拉德不以为然地大笑，岂知到头来竟干了14年半！

中国“复关”和加入WTO谈判大致可分为三大阶段：第一阶段从20世纪80年代初到1986年7月，主要是酝酿、准备“复关”事宜；第二阶段从1987年2月到1992年10月，主要是审议中国经贸体制，中方要回答的中心题目是到底要搞市场经济还是计划经济；第三阶段从1992

年10月到2001年9月，中方进入实质性谈判，即双边市场准入谈判和围绕起草中国加入WTO法律文件的多边谈判。

1994年底，因以美国为首的一些发达成员漫天要价，无理阻挠，中国复关未果。1995年1月，WTO取代GATT；同年，中方决定申请加入WTO，并根据要求，与WTO的37个成员开始了拉锯式的双边谈判。从1997年5月与匈牙利最先达成协议，到2001年9月13日与最末一个谈判对手墨西哥达成协议，直至2001年9月17日WTO中国工作组第十八次会议通过中国加入WTO法律文件，这期间起伏跌宕，山重水复。而最难打的硬仗，莫过于中美谈判，其次是中欧谈判，其中中美谈判进行了25轮，中欧谈判进行了15轮。

中国加入WTO谈判的整个历程，充分体现了以江泽民为核心的中国第三代领导集体的高瞻远瞩和正确决策。江泽民总书记亲自给这场谈判确定了三条原则：一、WTO没有中国参与是不完整的；二、中国必须作为发展中国家加入；三、坚持权利和义务的平衡。这些原则对加入WTO谈判具有重大深远的指导意义。

备受瞩目的中美谈判范围广、内容多、难度大，美国凭借其经济实力，要价非常高，立场非常强硬，谈判又不时受到各种政治因素干扰。对此，党中央、国务院以大局为重，审时度势，运筹帷幄。朱镕基总理等在最后一轮中美谈判中亲临现场，坐镇指挥。我方代表坚持原则，经过6天6夜的艰苦谈判，这场最关键的战役取得双赢的结果，于1999年11月15日签署了双边协议，从而使加入WTO谈判取得突破性进展，为谈判的最终成功铺平了道路。次年5月18日，中欧谈判几经周折后也正式达成双边协议。对于这两场谈判，欧美首脑普遍盛赞中国领导人在承诺遵守国际规则和逐步开放市场方面显示出非凡的胆识与魄力。偏爱中国丝巾的美国前贸易代表巴尔舍夫斯基认为，正是由于江泽民主席从战略的高度正确看待和处理中国加入

WTO谈判问题，才使中美这两个世界上最强的谈判对手得以言和。为了统一对WTO谈判进行研究和作出决策，中央专门成立了以国务委员吴仪为组长，各有关部门主要领导为成员的WTO工作小组。

那么，为什么会谈得这么细、这么苦、这么久？

外经贸部首席谈判代表、中国代表团团长龙永图坦率地说，谈了15年，我们在原则问题上坚持了15年。如果我们什么都答应的话，谈判早就结束了。谈判过程之难，时间之长，正说明我国为维护自身根本利益所付出的巨大努力。另外，谈判多打几个回合，也为国内产业和企业争取了固本强体的缓冲期。

面对一个又一个WTO成员，中方力争的焦点是什么？

外经贸部部长石广生说，尽管经过20多年的改革开放，我国综合国力和企业抗风险能力日益增强，但总体上国内产业素质和竞争力与国外差距甚大。所以，谈判的核心，就是市场开放的速度和力度必须与我国的经济发展水平相一致，这是我们的底线。双边谈判的核心问题是确保我国以发展中国家地

加入世界贸易组织10年来，中国的知识产权制度不断健全、知识产权法律法规不断完善、知识产权文化水平不断提升、专利审查质量不断提高，有效地促进了我国科技进步，增强了我国的自主创新能力。图为中国民众在世界知识产权日的宣传现场接受知识产权保护的教育理念

位加入，多边谈判的核心问题是确保权利与义务的平衡，具体内容包括关税、非关税措施、农业、知识产权、服务业开放等一系列问题，而农业和服务业又是双方相持不下的难点。中国是一个农业大国，如何保障加入WTO后9亿农民享有合理、平等的贸易待遇并保证其收入增长？服务业是发展现代化经济的主动力，发达国家服务贸易额占其GDP的70%—80%，而我国的这一比例仅为30%左右，如何促使服务业在放开后能有一个稳妥有序的过渡期？

寸步不让的意志比拼，唇枪舌剑的讨价还价，15年来的每一场谈判，中方“从来不打算减少一美元、从来没想少说一个字来求得妥协”。经过艰苦斗争，美欧等发达国家不得不同意“以灵活务实的态度解决中国的发展中国家地位问题”，中方最终与所有WTO成员就我国加入WTO后若干年市场开放的领域、时间和程度等达成了协议。双边谈判的结果是平衡的，符合WTO的规定和我国经济发展的水平。这样，第一，我国赢得了过渡期和市场开放的主导权；第二，我国在经济可以承受的范围内作出了必要的灵活反应；第三，迫使谈判对方在谈判中满足了我方一些最根本的要求，例如美国承诺给予我国永久正常贸易关系（即最惠国待遇），放弃一般保障条款（即在我国加入WTO后美随时可与我方中断WTO关系的条款），同意放宽高技术对华出口限制等。从长长的加入WTO谈判清单上也不难发现，中方代表为国内产业赢得了宝贵的调整时间和必要的保护手段。

还需要说明的是，我们在谈判中承诺的只是一种市场准入机会，而非实际采购义务。如小麦，我国加入WTO后第一年的关税配额量是730万吨，这个数字用的是我国1995年至1997年的平均进口量，实际是否进口和进口多少，要取决于我们国内市场的实际需求和商业条件。还有，在某些服务领域承诺“允许”外资企业从事一定范围的业务，但“允许”不等于不要审批，不等于没有条件，不等于没有管理。比如对外资银行在华开展业务包括设立分支机构等，必须要根据我国的法律法规进行审批。再如同意每年允许进口20部分账电影，不是一定要进口那么多，20部只是最高限。具体进口多少还要经过审批，按照国内的法规审查影片内容。此外，还要看市场有无需求。关于在增值电信和寻呼等行业的外资股份比例，我方同意在加入后2年允许外资比例达到50%。这一股比只是我们批准的最高限，而不是每个外资企业的外资比例都要达到50%。

在多边谈判中，中方通过不懈努力，使多边谈判的最终结果与我国法律制度的基本原则、与WTO的基本原则和要求、与我国建立和完善社会主义市场经济的需要、与我国经济发展水平和产业的承受能力相一致，最大限度地做到了在不违背国际惯例的前提下对我有利。如在农业扶持政策上，中方据理力争，直至今年6月才与WTO成员达成共识，同意我补贴允许水平为8.5%。这一结果为我国政府今后增加扶持农业发展保留了较大的政策空间。又如按照WTO规定，发达国家对发展中国家实施的纺织品配额限制在2005年之前取消，一些西方国家为保护自己的纺织工业，在谈判中要求2005年后继续对我纺织品实行配额限制直到2009年。对此，我坚决予以拒绝，使对方最终被迫同意2005年之前取消配额。纺织品谈判的结果，为加入WTO后我国纺织品获得更大的国际市场份额创造了重要的利好因素。

既是谈判，双方必定有得有失，天下找不到免费午餐。在取得长远好处的同时，也要按照WTO规则承担相应义务。这不能视为简单的让步，遵循规则是每一个负责任的国家的义务。倘若要说让步，那加入WTO的所有成员都曾作出了让步。让步是为了进步，我们对国际社会的开放，换来的将是国际社会对我们的更大开放。中国加入WTO作出了两项庄严承诺：承诺遵守国际规则办事，承诺逐步开放市场，这不但有助于消除“中国威胁论”，为对外开放营造良好的国际环境，也有助于增加国外投资者的信心，不断完善投资环境，使中国经济成为世界经济的有机组成部分。

（摘自《人民日报》
2001年11月11日第2版）

中国加入WTO谈判历程 /龙永图

“小平推动成为关键”

新京报：按照国际惯例，1971年中国重返联合国时，恢复关贸总协定的合法地位，应该是顺理成章的事情。

龙永图：1971年联合国通过了2158号决议，把台湾驱逐出联合国以后，台湾在关贸总协定上的代表也被驱逐出去了，这样就在政治上为我们扫清了障碍，所以当时若要回到关贸总协定，写一封信就能参加。

新京报：当时为什么没有申请？

龙永图：当时，我们国家考虑，决定自己不参加。一个是因为我们研究了关贸总协定的章程，觉得它还是一个富国俱乐部。当时联合国成员有100多个，关贸总协定这时候才四五十个成员，多半是些发达国家。所以大家就觉得这是个富国俱乐部，我们中国是发展中国家，没有必要去凑这个富国俱乐部的热闹。

另外一条就是，它是搞市场经济的，对中国来讲，市场经济就是资本主义的代名词，我们进去以后遵守它的规则也会有困难，所以我们就自主决定不参加。虽然他们邀请我们参加，但我们还是不参加。

新京报：后来为何又去申请？

龙永图：1978年中国开始改革开放，之后出口越来越多，大概三分之一的出口都是纺织品。1981年的时候，关贸总协定搞了一个多边纺织品谈判，签署了《多种纤维协定》。它的一个很重要的职能就是分配纺织品的全球配额。当时，如果你不参加这个协定，你就分配不到这个配额。没有配额的话，我们出口美国市场的就只能是一些非配额产品，受到配额管制的产品就不能出口。

当时为了解决这个实际问题，我们就申请参加这个多种纤维协定。关贸觉得中国是个纺织品出口大国，就同意了，虽然中国不是关贸成员。1983年，我们参加了多种纤维协定，然后我们的纺织品出口

龙永图

大增，有了配额我们尝到了甜头，觉得关贸总协定还是有一定的价值，所以1986年我们就开始申请了。

新京报：最大的障碍是什么？

龙永图：审查中国经济体制的时候，人家就逼着我们一定要承认中国在搞市场经济。那时，中国认为，市场经济和资本主义是一回事，我们不承认，我们说，中国是计划调节和市场调节相结合的商品经济体制。

他们不懂什么是商品经济体

制，而且说，你一会儿市场调节一会儿计划调节，这种经济体制很不稳定，加入关贸以后就很难遵守关贸的规则。这个问题，从1986年一直拖到1992年，谈判没有多大进展。

新京报：就这么一直拖着？

龙永图：一直到小平同志提出，在社会主义制度下也可以搞市场经济，市场经济不等于资本主义。在这个重大理论突破以后，我们在1992年底，才在大会上承认我们在搞市场经济。这样才突破了这个难题。

新京报：邓小平对中国加入WTO起了关键作用。

龙永图：小平对我们谈判的突破有直接推动，如果没有他，可能我们谈判到今天还在那扯来扯去。

新京报：谈判代表们对小平的感情都很深？

龙永图：是的，我们这些人对小平同志都有很深的感情。我记得，小平同志追悼会的时候我们在日内瓦，追悼会是北京时间上午9点，日内瓦是凌晨3点。那时，我想一定要看看追悼会的现场直播，我就悄悄一个人3点钟起来看电视。我以为就我一个人看，后来灯全亮了，很多人都起来看小平追悼会直播。

新京报：市场经济扫清了障碍？

龙永图：那时开了十四大，通过了建立社会主义市场经济体制的决议。有了党的决议作为基础，我们就理直气壮地承认，我们搞市场经济，这样才结束了对中国经济体制的审查。

新京报：我们承认搞市场经济，谈判对手都很高兴？

龙永图：是啊，他们主要觉得事情老是得不到突破，中国老不承认(市场经济)，今天好不容易承认了。谈判谈了很多年，终于有了突破，他们很高兴，以为是他们“逼”出来的。其实并不是这样，是因为我们自己转变了。

再一个，中国是一个大国，中

国宣布搞市场经济，对全球经济来说是一个重大事情。

“我把美国代表赶出办公室”

新京报：1995年，关贸总协定变成世贸组织，中国想成为创始国，当时的决心很大？

龙永图：是的。我们进行过一次最后冲刺，如果这次谈判再没有结果，中国不能成为世贸创始成员，那我们就暂时中止这个谈判。

新京报：这算“最后通牒”吗？

龙永图：他们认为是“最后通牒”。我们不这样认为，这只是表达我们的决心。中国既然是关贸总协定的创始成员，也应该成为世贸组织的创始成员。当时我们做了很大努力，20多天，对方也做了很大努力，但在关键问题上还是没能达成协议，最后谈判破裂了。

新京报：加入世贸组织需要多边谈判，众所周知，美国人在谈判中很强势，为什么？

龙永图：美国经济贸易实力很强，在谈判中态度一直非常强硬。一般他要提出来什么东西，大家都要接受，美国跟其他国家谈判时，它都是强势的。

新京报：谈判很艰苦，当时如何应对美国的这种姿态？

龙永图：当时美国最喜欢讲的是，这个问题没有谈判的余地，那个问题没有谈判的余地。我们就讲，你那么多问题都没有谈判的余地，我们来干什么，干脆低头接受你的决定就完了嘛。你美方如果采取这样一种谈判方式的话，我们没法接受。我们中国人不太买他的账。由于美国这种强势的谈判态度，使得谈判很长时间内处于“打态度”阶段，谈判没有实质性进展，浪费了很多时间。

新京报：不买账的底气来自哪里？

龙永图：我觉得，既然代表这么大一个国家来谈判，还没谈判就说你必须接受我这个问题。这从对国家尊严、个人的尊严来讲，都是不可接受的。况且我们中国到了90年代也已经有了一定的实力，不是你想怎么弄就能怎么弄的。

我们这个谈判是有国家尊严在

里头的。

新京报：好像有一次你把美国代表赶出办公室。

龙永图：这是在谈到肉的检验时发生的。我们要对美国出口到中国市场的肉类进行严格的检查。美国代表说，他们的肉安全得很，我们不必进行检查。我就说，你说你们国家检查合格了，我们就不检查了，世界上没有这样的事。后来，美国代表说，你们国家的肉都是注水肉之类的，那质量不要说人不吃，就连狗都不会吃。我一听就特别生气，我说你谈判可以谈，但别侮辱我们。

我很严厉地跟他说：今天我不想跟你谈，你最好离开我的办公室。

新京报：后来他怎么解释？

龙永图：后来，这位谈判代表跟我解释，说其实不是想侮辱我们。在美国，狗就是跟家庭成员一样，他们说狗都不吃其实就跟说小孩儿也不吃一样。但当时那种情况下，顶在气头上，换任何一个人都会生气。……

新京报：谈判其实是妥协的艺术，强硬和妥协可能都需要？

龙永图：是的。谈判过程中，虽然我也会发脾气，但大部分是比较温和理智的，特别是到谈判的最后，经常需要进行一些换位思考，用双赢的理念来分析谈判。我有时，经常是躺在床上，想如果我是美国代表，我为什么会支持某个问题；如果我是欧洲代表，为什么我会提出某个要求来。不能认为外方提出来的都是对中国不好的，就是无理要求，

加入世界贸易组织后，中国一举成为世界最大的汽车生产国和消费国，数千万普通中国家庭提前圆了家庭轿车梦

要实事求是地评估。

新京报：就这样，我们最后同意了开放汽车市场？

龙永图：是的。人家说要开放中国的市场，说你们中国进口汽车把得太严了，搞得你们国内的汽车那么贵，价格比国外同级别的汽车贵一倍、两倍、三倍，这就使你们的消费者根本买不起，这样中国的汽车市场就永远启动不了。

所以他就要求我们取消汽车的进口配额，降低汽车进口关税。后来我们想想也是，如果把汽车关税降下来，配额取消，外国汽车进入中国，价格就能降下来，汽车才进入老百姓家。应该说，这不是让步，而是一种进步。

"经贸大学演讲我曾哭过"

新京报：1999年，朱镕基访美，双方都认为肯定能达成协议，但最后为什么没签？

龙永图：那时应该说，双方谈判代表这一级已经达成原则上的协议，就差技术上的一些细节和文字上的敲定。但是，当时美国国会给克林顿施加了很大的压力，说不同意跟中国签订协议，怕中国以后凭借在世贸组织的地位，博得在国际贸易中更强势的地位，而且他们认为中国加入WTO没有给美国的产业带来多大的好处。

在这种政治压力之下，克林顿决定不签了。

新京报：你当时说，美国人会后悔一辈子。

龙永图：是啊。美国的谈判代表知道消息之后，非常失望，有的甚至哭了。他们认为，克林顿在政治压力之下做出了一个错误的政治判断。所以，我当时就说，你们会后悔一辈子。

新京报：后来，朱镕基总理即将离开美国时，克林顿又说要签。当时总理是怎么回应的？

龙永图：果然没多久，美方后悔了。克林顿给即将离美的朱镕基总理打电话，希望谈判代表团留下来接着谈，很有希望达成协议。朱镕基挺硬的，说既然你们几天前说不签，几天后又改变主意，你们美国人想签就签，不想签就不签，天底下没有这样的道理。

所以就拒绝了克林顿的要求，说这次不签了，美国人如果想签的话就到中国去签。

新京报：后来，谈判为什么又中止了？

龙永图：谈得差不多了，赶上我驻南使馆被炸事件，中美谈判中止了，一直到11月份才恢复。谈判差不多中止了半年，这半年里中美关系处于低潮。

新京报：低潮并非常态，中美双方还是要打破僵局吧？

龙永图：当时中央从打破中美僵局的高度出发，特别是美国一而再再而三地提出恢复谈判的要求，于是接受了美方的要求。我觉得双方的最高层领导都有这个意愿来达成协议，应该说政治上没有了障碍。当时还有几个悬而未决的问题，再靠谈判代表团一级来解决剩下的问题比较困难了，需要靠高层来推动。在中央的授权下，朱镕基亲自来到了谈判现场，解决剩下的难题，也使美国最后下了决心签字。朱镕基亲自谈判，这体现了中央对达成协议的诚意。

新京报：跟美国谈完后，后面的谈判应该轻松一些吧？

龙永图：美国谈完后，和欧盟的谈判仍比较困难。欧盟的代表团讲，你们不能说和美国达成了协议，我们就得签，我们也有自己的要求。他们还打了个比喻，说不能你们请美国人吃饭的那个菜单，原封不动就拿来请我们欧盟，我们有我们的口味，不是美国人想吃牛排我们就要跟着吃牛排，我们也需要解决一些特殊的问题。和欧盟的谈判持续了几个月，到2000年四五月份才谈成。

新京报：据说谈判中你还哭过？

龙永图：倒不是谈判时候哭。有一次我到经贸大学去做报告。头一天跟罗马尼亚谈，谈得很艰苦。原来欧盟说得很漂亮，说肯定抢在美国之前和我们签。可是，我们和美国签完了，欧盟迟迟不签，我就感觉像受了欺骗一样，比较委屈。所以第二天，我到经贸大学讲了前一天的事情，我就感到这些人的承诺不一定能够兑现。那时动了一点感情。

新京报：当时压力为什么那么大？

龙永图：因为，当时大家都觉得跟美国人签完协议了，和其他国家签，那都是相当自然的事情，没想到碰上欧盟这么强硬的一个骨头，半年过去了还没签下来，压力就非常大了。

另外，美国谈成之后，全国的期望值都非常高，上上下下期望值都很高，有些人甚至提出哪天必加入世贸。

可我们又迟迟解决不了，当时在那压力那环境之下，(流泪)是对压力的一种释放吧。

新京报：上面给过压力吗？

龙永图：上面也没有说一定要我给个时间表。中美签了协议，全国到处都在关注，以前还是静悄悄地谈，这下每天都曝光。记者见到就问，到国务院开会大家就问："哎，什么时候签呐？""怎么还没搞好啊？"这种无形的压力、舆论的压力、民众的压力，都变成一种责任。当时我就觉得，哎呀，完不成这个事可怎么弄啊。

"加入WTO前筑起万里长城"

新京报：15年，终于谈成了，终于加入WTO了。如果再选择，还会参加这个谈判吗？

龙永图：我不会再做了，这个事情太难了。

新京报：为什么？

龙永图：现在年纪也大，精力不济了。以前一个星期飞两次美国也没觉得累，现在从美国回来倒一次时差，起码要一个月半个月的才能恢复过来。当时主要是责任在身，忘了时差，飞了20多个小时到了华盛顿，下了飞机就去谈判，谈完了提着包就走。当时不知道疲倦不知道时差，现在到我这个年龄再要我这么做，精力上没法支撑。现在，我回想起来，都觉得当时怎么可能这样子，一个月出四次国。当时领导都叫我"出国专业户"，整天要出国，整天在飞机上飞。

新京报：那时候是什么支撑着你那样拼命？

龙永图：一种责任在支撑，责任确实可以给人无限的力量。

新京报：中国加入WTO7年了，你觉得我们的最大变化是什么？

龙永图：最大的变化就是引进的一些新的理念，比如双赢。双赢可以说是在谈判过程中逐渐被接受的，最后中央认可。1999年11月15日和美国达成协议时，江主席说祝贺你们达成了“双赢”的协定，这是第一次从中央领导人口中提到“双赢”这个词，以前至少没有公开表示。

新京报：是不是因为和以前相比，才让你这样看重双赢？

龙永图：当然。以前中国人哪讲双赢啊，就知道你死我活，实际上是一个“斗”的哲学。所以引进了“双赢”、“国民待遇”等，就是要民营企业、国营企业、外资企业公平竞争，遵循公平竞争、透明公开这样一些原则。这些原则都是对中国体制改革提供的重要的理念上的变化。开放市场后，很多产业发展很快，比如汽车，这就给大家一个信心，中国只有开放才能强大，也不要低估中国企业的竞争力。

新京报：一路走来，有遗憾吗？

龙永图：总体上说没有太多的遗憾。我觉得基本上是过于保守，当时打的保险系数都是很高的。当时我们提出不开放金融市场，这次金融风暴，由于我们没有放开资本市场，我们受到的冲击就没有他们那么大。就像外国人说的，我们在中国加入WTO前就筑起了万里长城，把中国的金融市场保护起来。这样看来，中央的关键性决策还是很对的。

（摘自《新京报》
2008年12月11日）

中国“复关”、加入WTO大事记

1948年4月21日中国政府签署关贸总协定《临时适用议定书》，并从1948年5月21日正式成为关贸总协定缔约方。

1950年3月6日台湾当局宣布退出关贸总协定。由于作为中国唯一合法政府的中华人民共和国已经成立，台湾当局无权作出这样的决定，所谓“退出”的宣布是非法的、无效的。

1982年11月中国政府派团列席关贸总协定第36届缔约方大会。

1985年11月6日关贸总协定理事会通过中国的申请，决定给予中国关贸总协定理事会观察员地位。

1986年7月10日中国政府正式提出申请，恢复中国在关贸总协定中的缔约方地位。

1986年9月15日至20日关贸总协定部长级缔约方大会在乌拉圭埃斯特角城举行，乌拉圭回合谈判开始。中国政府派团出席会议，并从此成为乌拉圭回合全面参加方。

1987年2月13日中国政府向关贸总协定秘书处提交了《中国对外贸易制度备忘录》，供缔约方审议。

1987年3月4日关贸总协定中国工作组成立。

1987年10月22日GATT中国工作组第一次会议在日内瓦举行。

1988年2月23日至24日关贸总

距1986年7月中国正式申请恢复关贸总协定缔约方地位，已经过去了20多年。这20多年，包含着中国经济不断融入全球化并创造奇迹的过程。图为某地港口出口集装箱码头一景

协定中国工作组第二次会议在日内瓦举行，开始审议中国外贸制度。

1988年6月28日至30日GATT中国工作组第四次会议在日内瓦举行，中国正式向缔约方发出关税减让谈判邀请。

1989年5月24日至28日中美第5轮复关问题双边磋商在北京举行。磋商取得实质性进展，复关谈判有望在1989年底结束。

1990年1月1日台湾当局以"台、澎、金、马单独关税地区"名义，申请加入关贸总协定。

1991年5月关贸总协定总干事邓克尔第三次访华。

1992年9月29日关贸总协定理事会主席朱奇，根据中国与主要缔约方谈判达成的谅解，就处理台湾加入关贸总协定的问题发表声明。

1992年10月10日中美达成《市场准入备忘录》，美国承诺"坚定地支持中国取得关贸总协定缔约方地位"。

1992年10月21日至23日关贸总协定中国工作组第十一次会议在日内瓦举行。会议决定结束对中国外贸制度的审议，转入市场准入的实质性谈判阶段。

1992年11月27日《人民日报》发表署名文章，全面论述"复关"的意义及对中国的影响。

1993年6月21日美方向中方提交美方起草的"以中国加入关贸总协定议定书形式起草的讨论文件"。

1993年7月22日至28日中国第7轮"复关"问题双边磋商期间，美方推翻了6月提出的讨论文件。

1993年12月15日乌拉圭回合谈判结束。

1994年1月10日国务院总理李鹏第二次致函关贸总协定各缔约方首脑和关贸总协定总干事，阐述中国"复关"和成为世贸组织创始成员的立场。

1994年4月12日至15日关贸总协定部长级会议在摩洛哥的马拉喀什举行，正式结束乌拉圭回合谈判。中国政府代表签署了《乌拉圭回合谈判结果最后文件》。

1994年11月28日中国向关贸总协定主要缔约方通报了中国政府关于"复关"谈判最后时限的决定。

1994年12月20日关贸总协定中国工作组第十九次会议在日内瓦举行。由于少数缔约方漫天要价，无理阻挠，致使中国"复关"谈判未能达成协议。

1995年5月7日至19日受关贸总协定中国工作组主席邀请，中国代表团赴日内瓦与缔约方恢复中国"复关"和加入世贸组织的双边谈判。

1995年6月3日世贸组织总理事会接受中国申请，中国成为该组织观察员。

1995年11月28日美方向中方递交了一份"关于中国入世的非正式文件"，即所谓的"交通图"，罗列了对中国加入WTO的一些具体要求。

1996年2月12日中美代表团在华盛顿进行中美第10轮双边磋商，中国对美方的"交通图"逐条作了回应。

1996年3月22日世贸组织中国工作组第一次正式会议在日内瓦举行。

1996年9月16日至17日中美在北京就中国加入WTO问题进行了磋商。美国就中国加入WTO问题作出策略调整。

1997年2月24日至3月11日中国代表团出席了世贸组织中国工作组第三次会议，中方与世贸组织成员就贸易权问题达成协议。

1997年4月18日至23日WTO总干事鲁杰罗访华。李鹏总理与李岚清副总理分别会见了鲁杰罗。

1997年5月21日至23日中国代表团在日内瓦出席了世贸组织中国工作组第四次会议，会议就议定书"非歧视原则"和"司法审议"两项条款达成协议。

1997年8月4日至6日中国与新西兰签署了世贸组织市场准入谈判的双边协议，新西兰是第一个与中国结束双边谈判的西方国家。

1997年8月26日中国与韩国就中国加入WTO问题达成双边协议。

1997年10月13日至24日中国代表团在日内瓦与匈牙利、捷克、斯洛伐克、巴基斯坦签署了结束中国加入WTO双边市场准入谈判协议。

1997年10月26日至11月2日中国国家主席江泽民应邀访美，在与克林顿总统发表的联合声明中，重申加快中国加入WTO谈判，争取尽早结束。江主席还宣布了中国参加信息技术协议ITA的意向，推动了加入WTO谈判。

1997年11月16日中日就中国加入WTO问题发表联合声明，表明中日两国关于中国加入WTO双边市场准入谈判已基本结束。

1997年12月1日至12日中国代表团在日内瓦出席了世贸组织中国工作组第六次会议，就议定书和工作组报告的绝大部分内容达成了谅解。

1998年2月16日至18日欧盟副主席布里坦访问北京。外经贸部部长吴仪与布里坦就中国加入WTO谈判进行了会谈。

1998年3月28日至4月9日中国代表团参加了世贸组织中国工作组第七次会议，并向世贸组织秘书处递交了一份近6000个税号的关税减让表，得到主要成员的积极评价。

1998年11月16日在吉隆坡出席APEC领导人非正式会议的江泽民主席与美国副总统戈尔举行会议，双方都表示希望在1999年早些时候结束中美WTO双边谈判。

1999年1月12日朱镕基在会见美联储主席格林斯潘时表示，希望在4月访美期间中美能够结束关于WTO的谈判，但要求美方提出的"最后要价单"是合情合理的。

1999年4月4日至10日中美代表团在华盛顿就中国加入WTO问题进行了第22轮双边磋商。

1999年5月8日美国轰炸中国驻南斯拉夫使馆，中美世贸组织双边谈判中断。

1999年7月9日中日双方发表了联合新闻公报，宣布全部结束双边谈判。

1999年7月13日中国、澳大利亚发表联合公报，宣布双方全面结束中国加入WTO双边谈判。

1999年9月9日至13日中美两国在亚太经合组织领导人非正式会议期间决定恢复双边加入WTO谈判。

1999年11月2日中国与智利签署了关于中国加入世贸组织的双边协议。

1999年11月10日至15日中美两国就中国加入世贸组织问题在北京举行了谈判。11月15日，双方达成双边协议。

1999年11月26日中国与加拿大结束了关于中国加入世贸组织的双边谈判。

1999年11月30日至12月3日以石广生为团长的中国政府代表团出席了在美国西雅图举行的WTO第三届部长级会议。

2000年1月21日中国分别与巴西、斯里兰卡结束了关于中国加入WTO的双边谈判。

2000年1月27日中国分别与乌拉圭、秘鲁结束了关于中国加入WTO的双边谈判。

2000年1月28日中国分别与挪威、冰岛结束了关于中国加入WTO的双边谈判。

2000年2月16日中国与菲律宾在马尼拉结束了关于中国加入WTO的谈判。

2000年2月17日至19日WTO总干事穆尔访华，朱总理会见了穆尔。

2000年2月22日中国与印度签署了关于中国加入WTO问题的双边协议。

2000年3月7日中国与哥伦比亚在波哥大结束了关于中国加入WTO的双边谈判。

2000年3月10日中国和泰国就中国加入WTO达成了双边协议。

2000年3月11日中国与阿根廷在布宜诺斯艾利斯结束了关于中国加入WTO的双边谈判。

2000年3月15日至16日中国与马来西亚全面结束中国加入WTO问题的双边谈判。

2000年3月20日至21日外经贸部首席谈判代表龙永图率中国WTO谈判代表团赴日内瓦参加WTO中国工作组第九次会议，会议对中国加入WTO的双边谈判进行了总结和评估。中方在会议上提交了《对外贸易制度备忘录》更新版和涉外经贸法律法规清单。

2000年3月24日中国分别与波兰和吉尔吉斯斯坦结束了关于中国加入WTO的谈判。

2000年5月16日中国与拉脱维亚在瑞士日内瓦签署了关于中国加入WTO的双边协议。

2000年5月15日至19日中国与欧盟就中国加入世贸组织问题在北京举行谈判。5月19日双方达成协议。

2000年5月25日美国当地时间5月24日下午，美国众议院以237票对197票表决通过对华PNTR议案。

2000年6月19日至23日世贸组织中国工作组第十次会议在日内瓦举行，谈判重点转移到在多边起草中国加入世贸组织的法律文件——加入议定书和工作组报告书。

2001年6月28日至7月4日世

贸组织中国工作组第十七次会议在日内瓦举行，此次会议完成了中国加入世贸组织多边文件的起草工作。

2001年9月13日中国与墨西哥结束了关于中国加入世贸组织的双边谈判，至此中国全部完成了与世贸组织成员的双边市场准入谈判。

2001年9月12日至17日世贸组织中国工作组第十八次会议在日内瓦举行，此次会议通过了中国加入世贸组织多边文件，提交部长级会议审议和批准。会议宣布结束中国工作组的工作，中国加入世贸组织谈判全部结束。

2001年11月10日在多哈召开的世贸组织第四次部长级会议，审议并通过中国加入世贸组织。11日中国政府代表递交江泽民主席签署的中国加入世贸组织批准书。

国际人士评中国加入WTO10周年

迈克·穆尔（世贸组织前总干事）

回忆起10年前中国加入WTO的历史场景，穆尔颇为自豪。他说："这不仅是我在世贸组织工作期间最重要的一件事，也可能是我整个政治生涯中最重要的一件事。那真是一个伟大的时刻。"

穆尔说，他是担任世贸组织总干事的第一位非欧洲人，当时就定下目标，自己任内最重要的工作是让中国进入这个建立在规则之上的体系之中。他说，中国加入WTO的工作在他担任世贸组织总干事之前已经进行13年，而最终实现则是在他任内。他曾经说过，没有中国的世贸组织不是世界性的贸易组织，只有半个世界。"我认为，这些评价现在看来是正确的。"

穆尔说，加入WTO对于

中国意义重大。他说，中国过去几十年的发展"是世界历史上的一个伟大故事"，在人类历史上，从来没有如此多的人脱离贫困。

谈到当前世界经济形势，穆尔说，这次国际金融危机是自20世纪大萧条以来最严重的经济危机。在大萧条期间，人们采取的对策是保护主义以及货币竞争性贬值，其结果是使衰退延长。目前，多哈回合谈判面临困境，世界贸易体系正处于危险之中。回顾历史教训，穆尔认为世界各国在当前的经济挑战下更应加强合作，而中国应在其中发挥更大作用。

他说："当很多人担忧中国经济力量的时候，我并不担忧。相反，我担忧的是中国力量的减弱。中国应该展现出更多的领导力，与其他大国协调合作，共同挽救我们的世界贸易体系。"

哈沙·辛格（世界贸易组织副总干事）

哈沙·辛格

加入世贸组织以来经济取得持续强劲增长的中国，在全球抗击金融危机中起到了重要作用；作为全球经济发展重要引擎之一的中国，继续保持开放自由的对外贸易，将对推动世界的经济复苏具有至关重要的意义。

作为全球第二大经济体的中国，在国际贸易中占据举足轻重的地位，中国保持市场开放对世界显得更加重要，未来世界将继续从中国的增长和中国对国际贸易和多边贸易体制的贡献中持续受益。他认为中国未来会在外贸领域采取积极措施，为世界创造更多共赢机会。

傅强恩（美中贸易全国委员会会长）

过去38年来，美中贸委会见证

傅强恩

了美中贸易关系在平等互利基础上不断发展。我们坚定支持中国加入世贸组织。中国已经履行了加入世贸组织的承诺，且完成得非常好，这对于世界和世贸组织都是有益的贡献。10年来，越来越多的外资进入中国，提高了中国收入水平，创造了就业机会，对中国令人瞩目的发展做出了贡献。中国加入世贸组织也让美国公司受益。中国巨大的市场开放，美国公司在中国获得了更多市场准入机会，中国进口关税下调近40%，中国取消了进口许可制度、配额制度，放宽了对外资企业限制，这对美中贸易关系影响很大。2010年美中贸易逆差约为2700亿美元，但很少有人意识到美国对中国的出口也在快速增长，尤其是在中国加入世贸组织之后这10年中。10年前这个数字不到200亿美元，10年后的今天已近1000亿美元。如今，除了北美自贸区的加拿大和墨西哥外，中国是美国第三大出口市场。中国不断对内投资加大了其内需，美国制造商和服务提供商也将抓住机会扩大在中国的业务，因为这对于美国经济也大有裨益。

夏尔玛（印度商工部部长）

2001年中国加入世贸组织的确是世贸组织历史上的重要时刻，这对中国、对中国的其他贸易合作伙伴，乃至对全球商业而言，都是至关重要的。对中国而言，加入世贸组织绝非一个容易的过程。中国加入世贸组织谈判道路漫长，中国非常审慎，目的在于进一步启动改革措施、开放自己的市场、确保更大的市场准入。过去10年，中国非

夏尔玛

常认真地履行了加入世贸组织的承诺，中国经济发生了翻天覆地的变化，国内生产总值的增长，在全球贸易中比重的增加，一系列数字让人印象深刻。

当今世界，大家相互联系、相互依赖，经济全球化使我们获得共同的机遇，也遭遇共同的挑战。中国通过不断发展而实现的这种增长，恰恰是对全球经济发展的贡献。中国一直致力于与其他发展中国家的共同合作来实现共同的发展，这值得我们赞扬。面对国际金融危机，中国国内生产总值仍高速增长，显示出了自己的力量和韧性。中国作为新兴市场国家，是全球经济复苏真正的引擎。

江原规由（日本贸易振兴机构研究员）

10年前加入世贸组织时，中国常说“狼来了”。所谓“狼”是指外资。不少人担心，中国在履行加入世贸组织承诺的过程中，外资将席卷中国市场。当时有些人认为，首先是农业，其次是汽车产业将成为“狼”的美餐。10年过后，中国成为世界最大的汽车生产和销售国，农民的生活水平得到空前提高。中国政府认为加入世贸组织是“利大于弊”的研判现在应验了。

日本贸易振兴机构2010年8—9月对3486家日本企业进行了调查，投资中国的超过80%的日本企业确定了积极开拓中国市场的方针，这个数字可以反映出中国回答了加入世贸组织之际日本企业提出的问题，由此可见中国充分履行了加入世贸组织承诺。此外，从2002年

江原规由

起，中国日本商会就中国加入世贸组织履约连续进行了3年调查，结论是，中国政府积极并向前看地遵守了承诺。最后的结果是，2010年日中两国贸易额创历史最高纪录，突破4000亿美元大关。现在，中国是日本最大的贸易伙伴，日本是中国第二大贸易伙伴。

中国加入世贸组织对日本、对世界均是"利大于弊"，中国把"狼来了"变成"与狼共舞"。中国加入世贸组织推进了中国经济的国际化，特别是中国市场的开放对世界经济的发展做出了巨大贡献。如果没有中国经济的国际化，2008年美国引发的国际金融危机将使世界经济陷入更深的停滞。

现在，世界上有双边和多边的自由贸易协定（FTA）、经济合作协定（EPA）以及泛太平洋战略经济伙伴协定（TPP）等，与中国加入世贸组织时相比，有更多要求自由经济贸易交流的协定。中国热心于FTA，其走向举世关注。

世界面临环境污染、气候变暖、贫困等严重问题。伴随自由贸易的扩大、新的经济合作的构筑，今后中国通过与各国和地区缔结FTA和WTO内的活动加强，为减轻、解决世界性问题投入更多力量，这是来自世界的期待。中国加入世贸组织的第二个十年将是中国经济新的国际化过程，也是中国加入世贸的世界性意义。中国加入世贸组织，过去强调中国市场对外资企业开放。今后，将期待中国企业积极参与海外市场的开拓并取得成果。

卡雷尔·德古特（欧盟贸易委员）

中国2001年加入世界贸易组织是过去10年来国际经济发展进程中公认的最具有意义的事件之一。

中国在经济建设方面取得了巨大成就，这和加入世贸组织密切相关。为加入该组织，中国在20世纪90年代就进行了富有成效的经济改革；成为该组织成员之后，中国加快了参与经济全球化进程，成为世界最大的经济体之一。在很短的时间内，中国就奠定了在世界经济中的重要地位。

中国是自由贸易的积极推动者，因为中国比任何国家都懂得开放市场的价值，也比任何国家都受益于自由贸易。

中国在应对全球经济危机中发挥了重要作用，中国的表现对世界经济未来的发展影响巨大。在很多场合，中国领导人表示了中国对世界金融稳定的重要性。中国在积极应对国际金融危机之后将着眼于下一步的发展。在宏观经济层面上，中国努力实现储蓄和消费之间的可持续平衡。

卡雷尔·德古特

20年前，中欧之间的贸易往来还很少；而现在，欧盟是中国第一大贸易伙伴，中国是欧盟增长最快的出口市场，中欧之间建立了广泛的经济联系。中国以实际行动帮助欧盟一些国家应对主权债务危机。欧盟经济的稳定恢复对保持中国的出口具有重要意义。中国和欧盟的经济发展有许多相同之处。双方都通过自由贸易和经济发展分享各自的经济成就。正如中国利用世贸组织成员身份来推动经济改革那样，欧盟利用内部市场改革和欧盟扩大来推动自身经济发展。中国通过对外开放使数以千万计的中国民众摆脱了贫穷，提高了生活质量。

中国和欧盟都是世界经济的重要部分，两个主要经济体之间将实现更好的合作，采取具体措施超越传统贸易领域的隔阂，包括实现贸易平衡、货币汇率问题、改善金融环境等。

罗布·戴维斯

罗布·戴维斯（南非贸易和工业部部长）

中国加入世贸组织毫无疑问具有非凡意义，对中国、对全球贸易体制都是如此。中国现在是世界第二大经济体，是世界最大出口国，中国的成功为世界开启了思考的空间。中国的加入告诉我们，融入世界经济对发展中国家是战略性过程。中国2011年成为最大的制造经济体，工业产值已达到全球的18%，中国运用了非常成功且正确的政策，在发展过程中将生产和制造放在了核心地位。在中国成功过程中，国家发挥了巨大作用。中国向我们展示了发展转变的经验教训。非洲国家也希望改善民众的生活水平，更有效参与世贸体系，尤其是进行一些增加值高的贸易。